sweetlivinginterior
cooking & friends

sweet living interior

by Susanne
Hesslenberg

cooking & friends

Heinen
LOVEBRANDS

Inhalt

Story

Food

Gastfreundschaft

ist die Kunst, seine Gäste zum Bleiben zu veranlassen, ohne sie am Aufbruch zu hindern.

Vorwort

Über mich & uns

Und somit herzlich willkommen in diesem Buch, das meine Liebe für einzigartiges Design, Geselligkeit und gutes Essen eint!

Für die Leser und Leserinnen unter euch, die noch nicht so genau wissen, wer hier schreibt, stelle ich mich kurz vor:

Ich bin Susanne, gebürtige Rheinländerin und nun Wahl-Bayerin mit Hang zum Münchner Großstadtleben, die seit 2020 mit Kind, Mann und Hund am Rande von München das Landleben genießt. Der Liebe zum Job wegen hat es meinen Mann Björn und mich vor vielen Jahren in den Süden Deutschlands verschlagen. Wir fühlten uns direkt wohl und sind als „Zugroaste" schnell angekommen. Das lag ganz besonders an den Menschen, die Freunde und Freundinnen wurden, und auch an dem Leben, das wir uns zu zweit aufgebaut haben, um später zu viert mit Sohn und Hund Wurzeln zu schlagen.

In meinem Leben halte ich es wie mit der Einrichtung: Ich bin immer auf der Suche nach neuer Inspiration, aufregenden Entdeckungen, verrückten Kombinationen und einer harmonischen Balance. Auch wenn farb-, muster- und formtechnisch viel los ist, ergibt die Einrichtung doch immer ein ruhiges und ausgeglichenes Gesamtbild. Gemütlich muss es sein, das ist mir wichtig. Freie Flächen, neutrale Töne und luftige Anordnung machen es möglich und schaffen Ruhe in Raum und Kopf.

„Suse hat schon einen kleinen Umräum-Tick, aber die Ergebnisse sprechen immer für sich und ihr geschicktes Interior-Händchen." – Björn

Mein Mann, mein Partner in Crime, ist nach ein bisschen Überzeugungsarbeit für fast alle coolen und manchmal verrückten Ideen zu haben. Wie oft wir schon gemeinsam eine Nachtschicht eingelegt haben, damit die Farbe, das Regal oder die Tapete noch schnell an die Wand kommt – für spontane Wünsche ist immer Zeit! Passend zu meinen Schnellschuss-Ideen im Interior Design hatte ich auch nie einen „von vorne bis hinten"-Lebensplan. Ich plane schon sehr gerne und viel, jedoch eher kurzfristig und greifbar. Mit den Jahren habe ich etwas sehr Wichtiges gelernt: Wirf einen guten Gedanken voraus und du wirst ihm folgen. Als ich das kapiert habe, fügte sich so einiges fast wie von allein.

Björn ist nicht nur für nächtliche Umstyling-Aktionen mein Partner in Crime, sondern auch in allen anderen Lebenslagen. Gemeinsam genießen wir das Leben, nehmen Dinge nicht zu ernst, gehen unserer Entdecker-Leidenschaft nach, arbeiten fleißig an der

Reise-Bucket-List und nehmen uns bewusst Zeit für unseren Freundeskreis und gutes Essen. Durch Björns Koch-Leidenschaft bin ich als Vorkosterin selbst zum Kochen gekommen. Das tröstet bestimmt meine Oma, die immer Angst hatte, dass ich, ohne selbst kochen zu können, nie einen Mann finden würde. Man sollte die Hoffnung also nie aufgeben.

Aus unserer Zweisamkeit wurde schließlich eine kleine Familie. Wir haben einen tollen Sohn, der seinen ganz eigenen Kopf und Geschmack hat, uns aber in seinen Leidenschaften doch sehr ähnelt. Max ist unglaublich neugierig auf die Welt um ihn herum und erkundet diese mit offenen Augen und Ohren. Er kann stundenlang am Meer die Wellen beobachten oder entdeckt Lieblingslieder, die seit Jahrzehnten auch zu unseren gehören. Natürlich zockt er auch gerne oder erarbeitet sich zusätzliche Medienzeit im Garten. Ich teile außerdem eine große Leidenschaft für coole Sneaker mit meinem Sohn. Glücklicherweise haben Max und ich momentan dieselbe Schuhgröße – morgens muss dann abgesprochen werden, wer welche Schuhe tragen darf.

„Manchmal bist du da etwas streng, aber immer lieb und du erfüllst mir auch meine Wünsche. Das ist schon cool." – Max

Max ist nicht der einzige, aber wohl der beste Grund, wieso ich mich nach vielen Jahren in der Medien- und Verlagsbranche und im Marketing eines Online-Interior-Anbieters 2018 für die Selbstständigkeit entschieden habe. Als Kind liebte ich es, wenn meine Mutter früh Feierabend machte und nicht gerade der „Schlado"

(Abkürzung für „scheiß langer Donnerstag" in der Bankwelt) anstand. Dann hatten wir mehr gemeinsame Zeit und das wollte ich auch Max schenken – gerne so oft wie möglich. Ab und an, wenn ich beispielsweise noch um 1 Uhr nachts E-Mails beantworte, wünsche ich mir zwar meinen geregelten Job zurück, bei dem ich immer und sehr gerne 120 Prozent gegeben habe, doch ich weiß auch, wie gut ich und meine Familie es durch die Flexibilität der Selbstständigkeit haben. Ich bereue es höchstens, den Schritt nicht früher gegangen zu sein, doch da kam die Schissbux Susanne einfach nicht schneller aus dem Quark! Ich bin nämlich ein Sicherheitsmensch und habe gerne einen doppelten oder dreifachen Boden unter mir, den die Selbstständigkeit leider nicht auf dem Designertablett serviert. Im damaligen Berufsleben war es einfach, zu erklären, was ich denn den ganzen Tag so schaffe. Heute zögere ich oft. Vielleicht auch, weil die Begrifflichkeit des Content Creators noch recht neu ist.

„Du hast aus deiner Begabung einen Beruf gemacht, darauf kannst du sehr stolz sein! Man unterschätzt leicht, wie viel Arbeit in der Content Creation steckt, bis man das finale Ergebnis sieht." – Björn

Ich habe mir mit @sweetlivinginterior auf *Instagram* und meinem Blog eine Plattform erschaffen, über die ich voller Leidenschaft Inspiration mit meiner Community teile. Ich arbeite noch daran, das mit dem Stolz zu sagen, den ich eigentlich verspüre. Meine Familie und mein Freundeskreis unterstützen mich da zum Glück tatkräftig und treten mir ab und zu liebevoll, aber kräftig in den Hintern. Das ist echte Freundschaft!

Wenn Björn und ich gemeinsam mit unseren Freunden und Freundinnen feiern, sind wir richtige „Klävbuxen". Das ist eine Kölsche Bezeichnung für solche Gäste, die am liebsten bis zum Schluss bleiben – beschreibt uns perfekt! Wir sind die Letzten, die über die Tanzfläche wirbeln. Wir sind die, die sich in einer gemütlichen Ecke völlig festgequatscht haben und sich herrlich über clevere oder flache Witze amüsieren. Neben ausgelassenen Party-Abenden sind Björn und ich Familienmenschen durch und durch. Wir verbringen trotz der Entfernung gerne Zeit mit unseren Eltern, unserem Patenkind und dem Teil der Familie, der in England lebt. Unser Patenkind Tommie ist gleichzeitig Max' Patenonkel – da fällt uns allen, aber ganz besonders Max, der Abschied und die Heimreise extra schwer.

Wenn nicht Familie und Freundeskreis angesagt sind, schaufeln Björn und ich uns Zeit als Paar frei. Essen gehen, Kinobesuch oder auch ein Wochenende ohne Kind und Hund sind für uns wichtig, um mal wieder in Ruhe zu quatschen. Oder einfach nix sagen zu müssen und zu chillen. So harmonisch ist es natürlich nicht immer. Manchmal fliegen auch die Fetzen, aber das geht dann schnell wieder vorbei. So ist es auch im Familienleben: In 95 Prozent der gemeinsamen Zeit sind wir drei wie Pech und Schwefel. Zu 5 Prozent können wir uns auch gerne mal gegenseitig aus dem Fenster hängen oder herrlich über das letzte Wort diskutieren, bis

jemand eine Geste macht, bei der die anderen lachen müssen.

Das Entdecken und Erleben ist eine große Leidenschaft von uns dreien. Es gibt kaum Tage, an denen keine Verabredung im Kalender eingetragen ist.

„Ich nenne es gerne Freizeit-ADHS – wir müssen fast immer etwas tun. Nicht, weil wir Angst haben, etwas zu verpassen, sondern weil wir einfach Lust darauf haben. Es gibt doch nichts Schöneres, als spazieren oder wandern zu gehen und fremde Städte zu erkunden – egal ob nah oder fern. Wir gehen dann schön essen oder entdecken fast vergessene Musik in Secondhand-Schallplattenläden. Natürlich gibt es auch bei uns Zeiten, in denen wir abschalten, chillen und im Garten in Büchern versinken." – Björn

Bei den Schallplatten steige ich auch schon mal früher aus und gehe lieber in den Blumenladen oder ins Café um die Ecke.

Zu unserer Familie gehört auch unser „Pony" Gustl – unser Seelenhund. Ein Labradoodle, der gar nicht mehr aufhören wollte, zu wachsen. Schon Jahre bevor unser tiefschwarzer Wuschel bei uns einzog, waren Max und ich bereit für ihn. Mein Mann brauchte etwas länger und entschied sich erst im Sylt-Urlaub, als wir gefühlt die einzigen ohne Hund waren, für das vierte Familienmitglied. Noch auf der Insel gingen wir in ein Tierheim, doch um ehrlich zu sein, trauten wir uns den dortigen verhaltensauffälligen Hund ohne Erfahrung nicht zu. So schade es war: Wir brauchten einen Welpen, der sich von Anfang an samt Reisen und Trubel im Haus einleben durfte und kinderlieb war. Zurück in München saßen wir bei einem vertrauenswürdigen Züchter und seinen vier Welpen. Drei neugierige und stürmische Hündinnen sprangen um uns herum und verdeckten den zurückhaltenden Rüden, der sich ein ruhiges Eckchen gesucht hatte, um das Gewusel zu beobachten. Als die Mädels schließlich alles beschnüffelt hatten, kam unser Gustl ganz zaghaft zu uns, setzte sich und schaute von unten mit seinen schokoladenbraunen Augen und verdreckter schwarzer Lakriznase direkt in unser Herz. Zu viert lebt es sich am schönsten – unsere Familie war komplett.

Über die Leidenschaft fürs Gastgeben

Neben der Kreativität und der Lust auf alles, was Innen-einrichtung betrifft, ist die Leidenschaft fürs Gastgeben eine große Konstante in meinem Leben. Das war schon früher so. Neben gemeinsamer Zeit mit der Familie gab es im Rheinland schöne Abende mit Freunden und Freundinnen, bei denen man so herrlich die Zeit vergessen kann. Im Laufe der Jahre haben sich Wünsche und Bedürfnisse verändert, wir alle sind gewachsen, haben dazugelernt und uns unabhängig vom Umzug voneinander entfernt. Manche Menschen begleiten einen nur eine Zeit lang und für diese gemeinsame Zeit bin ich dankbar. Der Weg und die Abbiegungen des Lebens bringen einen letztendlich immer zu den Menschen, die sich absolut richtig anfühlen – und diese bleiben dann für immer. Da denke ich nicht nur an unsere Eltern, sondern ganz besonders an unsere erweiterte Familie: Unsere Freunde und Freundinnen.

Heike und Thomas, die wir trotz Umzug und Entfernung immer bei uns haben, gehören einfach dazu. Diese Freundschaft zwischen Düsseldorf und München ist etwas ganz Besonderes.

Als wir in den Süden gezogen sind, waren unter anderem durch den Job schon erste schöne Kontakte da, doch wir wollten auch einen Freundeskreis außerhalb der Arbeitswelt finden. Mit sehr viel Glück sind wir nach gut einem Jahr in München während einer nicht ganz so prickelnden Silvester-Hotel-Veranstaltung im Ski-urlaub am Tisch von Pia und Uli gelandet. Uns wurde schnell klar, dass wir einen Humor teilen und so prosteten wir uns in eine lange Nacht. Die beiden adoptierten uns in ihren Freundeskreis, zeigten uns die Stadt aus ihren Augen, machten Björn zum Patenonkel von einem ihrer zwei Jungs und stellten uns wenig später Isi und Joey vor. Auch diese beiden sind durch ihre Lebensfreude und Freundschaft genauso unverzichtbar wie meine Freundin Steffi geworden, die mich immer unterstützt und motivierend in den Hintern tritt. Außerdem sind da Eva und Andreas, die durch ihre Herzlichkeit und Freundschaft dafür gesorgt haben, dass wir uns direkt im Süden wohlfühlen konnten. Da ist meine liebe Säri, die immer Zeit für mich hat, obwohl sie mit ihrem Mann Aaron, vier Kindern, Job und Hund jetzt auch nicht gerade zum Füße hochlegen vorbeikommt. So viele weitere wichtige Menschen sind Teil unseres Lebens und nicht mehr wegzudenken. So auch Caro und Frank, mit denen wir in letzter Zeit viel zu selten das gemeinsame Ferienhaus in Österreich und viele schöne Abende teilen – aber es muss ja auch noch Platz für eine Fortsetzung für euch geben.

Neben den richtigen Menschen an der Seite, braucht es zum Gastgeben natürlich eines: gutes Essen. Sehr lange habe ich mich dagegen gesträubt, kochen zu lernen. Mein Interesse wurde erst geweckt, als ich Björn immer wieder dabei zuschaute, mit welcher Leidenschaft er kocht.

Diese Kochkünste verdienen einen gebührenden Rahmen: ein Table Setting. Bei uns wird gelebt und das bedeutet auch, dass vorher gemachte Pläne auch mal über den Haufen geworfen und neu gedacht werden müssen. So halte ich es auch bei meinen Table Settings, für die ich immer eine Vorstellung vom Endergebnis im Kopf habe. Es gibt jedoch keine Regeln und vor allem kein Knigge. Auf dem Tisch muss es etwas zu entdecken geben und sind keine frischen Schnittblumen da, dann greife ich zu dem, was vielleicht in anderen Zimmern rumsteht oder schaue, was der Garten zu bieten hat.

Wenn ich einlade, sollen sich die Menschen ab der Sekunde, in der sie unser Zuhause betreten, willkommen geheißen fühlen – denn das sind sie. Ich möchte, dass sich alle gemütlich fühlen und sie wissen, dass ich mich auf sie freue.

Scanne den Code mit dem Handy ein, um dieses Buch zum Leben zu erwecken!
Dich erwarten Videos von mir, meinem Mann und meinen Creator-Kollegen und -Kolleginnen – wir erzählen mehr zu Table Settings, Lieblingsrezepten und inspirieren dich hoffentlich, selbst kreativ im Bereich Interior und Küche zu werden. Bis gleich!

Gastfreundschaft besteht aus Wärme, Vorfreude, gutem Essen, Getränken und Lachen.

Willkommen bei der Gastgeberin

Susannes Interior-Welt

Einrichtungsstil

Einen festen Einrichtungsstil, so etwas habe ich nicht. Viel eher habe ich mir aus einem Mix an Stilen meine ganz eigene Handschrift gestaltet. Interior Design bedeutet für mich nämlich nicht, nach einer Vorlage zu arbeiten, sondern mit Leidenschaft Räume zu füllen, Farbkonzepte zum Leben zu erwecken und eine Umgebung zu gestalten, in der man sich auf Anhieb wohlfühlt. Wenn ich müsste, würde ich meinen Einrichtungsstil wohl so beschreiben:

Ein bisschen Scandi, ein bisschen Glamour, ein bisschen Eklektik, aber vor allem: ganz viel Ich. Meiner Meinung nach sollte man generell nie zu streng mit sich und seiner Einrichtung sein. Nur, weil etwas nicht in eine Stilvorlage passt, heißt das nicht, dass es nicht wunderschön ist und dennoch einziehen darf.

Glamour

Durch eine Freundin bin ich erst darauf aufmerksam geworden, dass mir das mit dem Einrichten liegt. Bei einem Besuch in unserem Münchner Zuhause – einer traumhaften Altbauwohnung mit Fischgrätparkett, hohen Decken und Stuck – war sie der Meinung: Das muss geteilt und abgedruckt werden! Damals war ich noch sehr viel farbenfroher und extremer in meinen Material- und Musterkombinationen und hob mich doch sehr von dem typischen Weiß-Rosa der Sozialen Medien und Inneneinrichtungs-Magazinen ab. 2015 gab ich mir einen Ruck und zeigte meine Interior-Welt unter *@sweetlivinginterior* noch ganz anonym ohne Gesicht auf *Instagram*.

Scandi

Eklektik

Wenn ich in meinem Feed zurückscrolle, sehe ich Räume, die ich heute nicht mehr so einrichten würde. Mein Stil ist mit mir erwachsener geworden, aber langweilig wird es bei uns nie. Mittlerweile bin ich in der Kombination meiner Möbel, Tapeten und Dekoelemente harmonischer, doch den besonderen Clash habe ich beibehalten. Genau wie meinen geliebten Teppich aus der Altbauwohnung mit Chevron-Muster, der nun in Björns Büro liegt. Er ist der Grund, wieso Marion – Chefredakteurin von *Living & More* und nun liebe Freundin – auf mich aufmerksam wurde. Sie entdeckte ihn in einem meiner frühen *Instagram*-Postings und kam nach kurzem Austausch vorbei, um den Shooting-Plan für eine Homestory durchzusprechen. Aus „kurz übers Magazin sprechen" wurde ein fünfstündiges Gespräch über Gott und die Welt.

Beim Einrichten habe ich vorher eine Ahnung von dem, was ich machen möchte, aber keinen festen Plan. Das passiert alles intuitiv und oft beginnt es mit einem Element, das eine Inspirations-Kette auslöst. So auch bei der Fisch-Tapete, die ich schon länger in der Hinterhand hatte und die eigentlich in das Gästebad unserer Altbauwohnung ziehen sollte. Doch irgendwie war Björn nicht so motiviert, die erst wenige Jahre zuvor angebrachte Wald-Tapete zu entfernen. Im neuen Zuhause stand dann aber fest. Nun ist sie reif, um an den Wänden und der Decke des Gästebads ein Highlight zu setzen!

Ich werde oft gefragt, welcher mein Lieblingsraum im Haus ist. Einen speziellen gibt es irgendwie nicht. In jedem Raum versuche ich, Gemütlichkeit einzukuscheln – mal laut, mal leise. Natürlich sehe ich auch immer Verbesserungspotenzial. Mein Zuhause ist meine Spielwiese und bietet mir immer die Möglichkeit, neu zu wuseln. Das Wohnzimmer zum Beispiel ist noch nicht ganz fertig, aber da stresse ich mich nicht. Entweder kommt mir die zündende Idee ganz natürlich oder es bleibt genau so, wie es ist. So ein Raum muss auch erstmal gelebt werden. Bis zum großen Aha-Moment trinke ich einen Tee auf der noch nicht Traumcouch und lasse mir und dem Wohnzimmer Zeit.

Ein Raum, der nahezu perfekt ist, ist Björns Büro. Es ist auch der erste, den man sieht, wenn man zur Haustüre reinkommt.

„Ich würde nicht behaupten, dass ich meine Tage am liebsten am Schreibtisch verbringe, aber mein Home Office ist schon einer meiner liebsten Orte im Haus. In ihm spiegelt sich ganz viel Suse wieder, sie hat meine Wünsche 1:1 umgesetzt und meine Lieblings-Prints schenken den Wänden viel Persönlichkeit." – Björn

Und praktisch ist es auch, so mit Tür. In der Altbauwohnung gab es nur einen Arbeitsplatz im 40-Quadratmeter-Flur und jedes Telefonat war dank der Hellhörigkeit in der gesamten Wohnung hörbar. Daher feiere ich die Glastüre am Büro, unserem Aquarium, sehr.

Auch das Untergeschoss ist bei uns „jemötlich". Dort befindet sich mein Büro, die kleine Zocker-Oase und das Heimkino für meine Männer und mich. Vielleicht ist es eine Folgeerscheinung der Pandemie, dass ich uns von oben bis unten Rückzugsräume zum Wohlfühlen geschaffen habe.

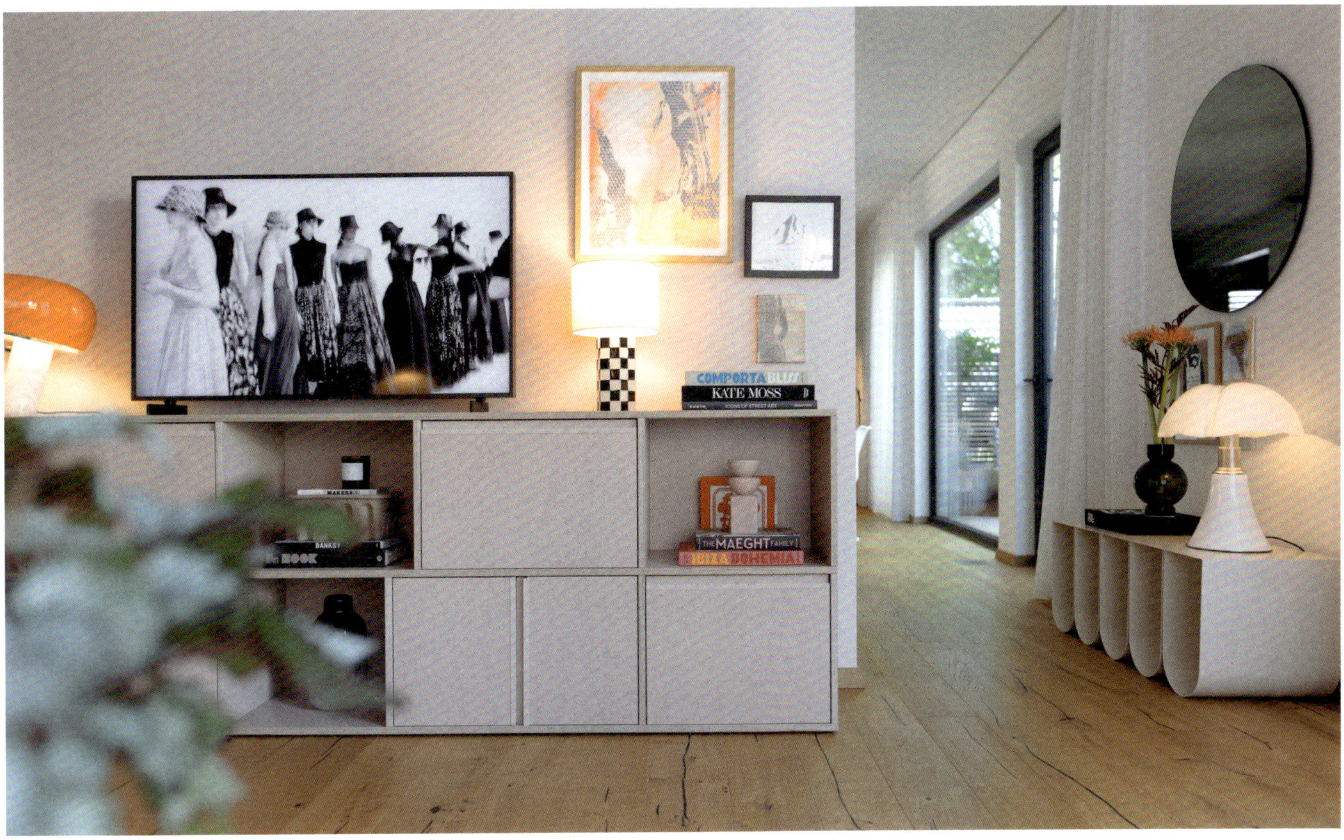
COMPORTA BLISS
KATE MOSS
THE MAEGHT FAMILY
IBIZA BOHEMIA

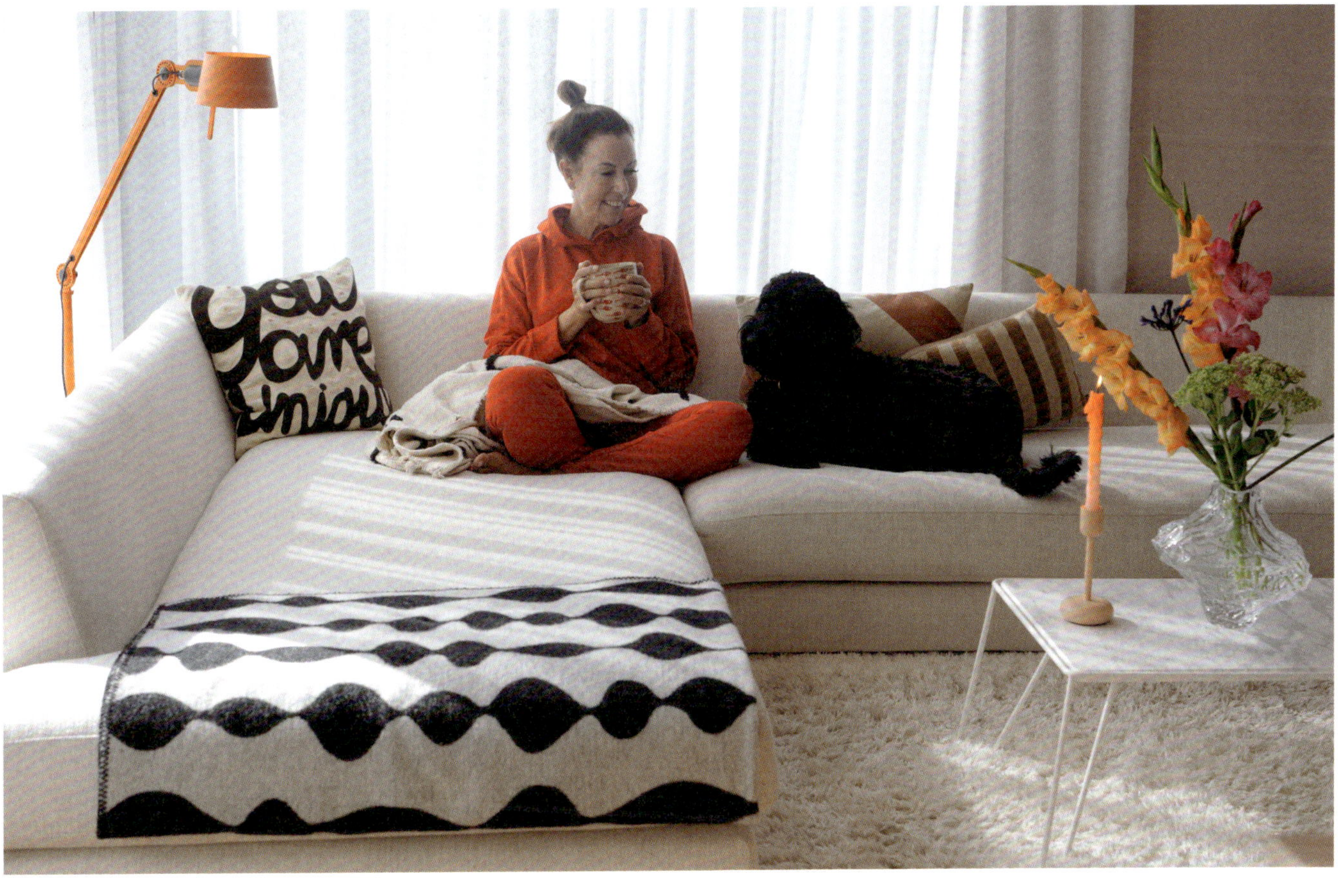

Mut zum Ausdruck

Man muss nicht direkt in die Vollen gehen, um sich im Interior-Bereich etwas zu trauen. Ich habe mich zu Beginn vielleicht sogar ein bisschen zu viel getraut und bin dann zurückgerudert. Es gibt einfach kein richtig oder falsch – nur Spaß beim Ausprobieren!

Die Wände

Wer gerade erst anfängt, sich stilistisch auszutoben, dem lege ich eine Tapete unbedingt ans Herz. Ich arbeite gerne mit unterschiedlichen Moodboards, die in sich stimmige Fotos, Möbelstücke, Farbakzente und Lichtstimmungen in je einem Stil zeigen, den ich mir sehr gut in meinem Zuhause vorstellen könnte. Diese Moodboards – meistens gefunden auf *Pinterest* oder schnell selbst erstellt – drucke ich mir aus und klebe sie einige Tage an die Wände des Zimmers, das ich umgestalten möchte. Das klappt auch mit Tapetenmustern, wenn ich mich noch nicht für eines entscheiden kann. Nach einigen Tagen fällt meine Wahl dann auf das Moodboard oder die Tapete, mit der ich mich am wohlsten fühle und das Umstyling kann beginnen! Oft starte ich mit einer Wand und die restlichen Möbel

und deren Anordnung ergeben sich fast wie von selbst. Eine Tapete ist auch keine Entscheidung für die Ewigkeit mehr. Hochwertige Vliestapeten lassen sich mit Tapetenlöser gut abziehen, wenn es mal wieder Zeit für einen Tapetenwechsel ist.

Der passende Anstrich hat einen ähnlichen Effekt. Die Vorliebe fürs fröhliche Schwarz, wie unsere Freundin Heike es gerne nennt, haben wir schon vor etlichen Jahren in unserem 12-Meter-Flur in der Altbauwohnung umgesetzt. Der Anstrich war damals eine nächtliche Spontanaktion: An einem Freitag um 19:30 Uhr entschied ich, dass der perfekte Zeitpunkt für einen schwarzen Flur gekommen wäre. Bis 3 Uhr in der Nacht wurde gestrichen, wobei Björn den Pinsel geschwungen hat und ich währenddessen auf dem Fischgrätparkett eingeschlafen bin.

In unserem Haus strahlt die dunkle Wand an meinem Schreibtisch Ruhe aus und schafft Gemütlichkeit.

Pinselschwünge und sonstige Kunstformen finden sich auch im Kleineren an unseren Wänden. Mit ausgefallenen Kunstwerken setzen wir Akzente und schaffen Eyecatcher.

„Meine Lieblings-Prints hängen direkt über meinem Schreibtisch und stammen von einem befreundeten Künstler: Stefan Strumbel. Er eint Neon-Akzente mit ganz traditionellen und lokal verankerten Motiven wie der guten alten Kuckucksuhr." – Björn

Unsere Leidenschaft für Kunstgalerien spürt man an den Wänden in unserem Zuhause. Verlieben wir uns im Urlaub in ein Kunstwerk, kriegen wir es schon irgendwie im Gepäck verstaut! Bei einem Fund in einer Streetart-Galerie in Hvar – zwei Leinwände in Schwarz-Weiß mit besprühter Literatur – gingen wir sogar ein Transportrisiko ein. Da wir mit den Rädern unterwegs waren, packten uns die Galeristen die Leinwände so ein, dass wir sie baumelnd und mit viel Lachen fahrend, nach einer Reifenpanne sogar schiebend, ins Hotel transportieren konnten. Nach sicher überstandenem Flug hängen die weitgereisten Werke nun als Blickfang in unserem Flur.

Ein unbezahlbares und ganz besonderes Kunstwerk ist das Bleistift-Unikat im Wohnzimmer. Mein „echter Max", den mir mein Sohnemann zum Muttertag geschenkt hat. Es hängt neben dem Werk unseres Freundes Stefan Strumbel.

Das besondere Etwas

Tabletts, Kerzenständer, Tassen, Bücher und Blumenvasen – am besten natürlich mit passendem Strauß – gibt es wohl bei den meisten von uns im Haus. Ich setze bei solch kleineren Accessoires gerne auf außergewöhnliche Formen und kontrastreiche Muster. So findet auf kleinster Fläche schon sehr viel Einrichtungs-Mut statt.

Lampen sorgen für das passende Licht und sind auch ausgeschaltet nicht zu verkennen. Ob Tischlampe oder Hängelampe – bei mir kann die Entscheidung für das perfekte Teil locker mehrere Monate oder sogar Jahre dauern. Die Suche macht mir aber auch einfach Spaß und wenn ich dann in einem unverhofften Moment auf die perfekte Ergänzung für den Raum stoße, freue ich mich immer wie Bolle!

„Da ist Suse ein wahres Trüffelschwein. Sie ist erst zufrieden, wenn sie den Schatz gefunden hat." – Björn.

Apropos Pilze: Die Pilzform, welche ein Erkennungsmerkmal von *Louis Poulsen* Designs ist, findet man in unserem Zuhause immer wieder – wir lieben den Look einfach.

„Und es hat BOOM gemacht! Kennengelernt haben Suse und ich uns bei einem Hilfsprojekt für Frauen. Schon nach dem ersten Coffee Date war klar: Das mit uns, das bleibt.

Auch zwischen unseren Familien hat es beim ersten Pizza-Date gefunkt – wir haben uns zwar alle nie gesucht, aber zum Glück gefunden." – Säri

Sitzgelegenheiten

Statt Lieblingsräume habe ich Lieblingsecken. Und zwar all die, die über einen Sessel verfügen. Zum Arbeiten sitze ich mit meinem Laptop trotz Büro oft irgendwo im Haus, während Max Hausaufgaben macht oder Blödsinn mit seinen Freunden veranstaltet. Mein *Moustache*-Hocker und der *Ligne Roset* Togo Sessel werden täglich genutzt. Entweder von mir oder von lieben Freundinnen, die schnell mal auf einen Kaffee und einen Plausch reinschauen. Im Wohnzimmer steht ein alter Klassiker: Der *vitra* Lounge Chair, den Björn sich zum 40. Geburtstag gegönnt hat.

Ohne Blumen, ohne mich

Blumen sind eine einfache und natürliche Möglichkeit, der Einrichtung Farbe und Leben zu verleihen. Ich greife je nach Jahreszeit auf verschiedene Blumen zurück, mag jedoch Pfingstrosen, Tulpen, Hortensien in Kombination mit Wilder Möhre am liebsten. Ich bin kein Fan von fertigen Blumensträußen und arrangiere meine Blumen immer selbst in der Vase. Dabei bleibe ich bei einer Sorte und ergänze ein wenig Grün. Meistens greife ich zu Klassikern, mit denen man in meinen Augen nie etwas falsch machen kann. Es sei denn, sie sind gelb.

Gelb ist einfach nicht meins, aber ein bisschen verfolgt mich die Farbe. Nicht nur beim Shooting für dieses Buch waren plötzlich ausschließlich gelbe Blumen in meinem Go-to-Blumenladen erhältlich, sondern auch mein Brautstrauß war durch ein Missverständnis leuchtend gelb! Vielleicht verliebe ich mich ja noch und werde ein echter Fan der Farbe – never say never.

Meine Sträuße stelle ich ganz nach Lust und Laune zusammen. Entscheide ich mich für einen bunten und wilden Strauß, wähle ich meistens recht schlichte, aber besondere Vasen. Jede Vase verlangt auch irgendwie nach anderen Blumen, beziehungsweise nach unterschiedlichen Schnittlängen. Da sollte man einfach mal rumprobieren. Wenn die Stiele dann doch mal einen Zacken zu kurz geraten sind, findet sich bestimmt noch eine passende Vase irgendwo weiter hinten im Schränkchen.

Interior meets Table Setting

Im Stehen: *Kochinsel*

Einen Tisch zu decken, bevor die Gäste kommen, ist mir wichtig. Er strahlt sofort Geselligkeit aus und zeigt meinen Gästen, dass sie erwartet wurden. Das „gedeckter Tisch"-Gefühl kann auch im Stehen gelingen. Von der Haustüre geht es nämlich meist nicht direkt an den Tisch, sondern an unsere Kochinsel oder auf die Terrasse für einen Willkommens-Plausch und den Apero. Manchmal muss man schon aufpassen, dass man sich nicht zu sehr festquasselt und das Essen vergisst! Gerade diese zwanglosen Momente mit lieben Menschen, in denen es dunkel wird, bevor man es merkt, werden zu den wertvollsten Erinnerungen.

Bei uns behalten die Gäste ihre Schuhe an. Ich finde nämlich, dass sie Teil des Outfits sind. Wenn sie möchten, dürfen sie es sich natürlich auch ohne Schuhe gemütlich machen – Hauptsache entspannt!

„Suse und Björn sind die Art von Freunden, die sofort da sind, wenn es einem nicht gut geht. Als Isi mit einer schweren Erkältung ans Bett gefesselt war, kochte Suse die ganze Nacht an einer heilenden Hühnerbrühe und Björn fuhr diese am nächsten Morgen ganz selbstverständlich 30 Kilometer durch den Münchner Berufsverkehr zu uns.

Wenn es die Hesslenbergs noch nicht gäbe, müsste man sie erfinden." – Isi und Joey

Zu Tisch: *Essbereich*

Irgendwann ziehen wir mit unseren Gästen dann aber doch an den gedeckten Tisch. Den Tisch einzudecken, bereitet mir keine Mühe – im Gegenteil. Ich genieße den Prozess des Deckens sogar sehr.

Unser Esstisch war ein Geschenk von mir an mich. Er ist rund und passt perfekt zu den Tulip-Drehstühlen, von denen wir uns nach und nach immer einen oder zwei gegönnt haben. Mein Traumtisch wiegt stolze 280 Kilogramm! Schnell verschieben? Is nich.

So ein Tisch muss natürlich auch gebührend ausgeleuchtet sein. Die Wahl der passenden Hängelampe hat im Altbau ganze neun Jahre gedauert. Was dann nach langer Suche perfekt für die hohen Decken war, passte im neuen Zuhause leider nicht mehr. Der Designer-Leuchter von *Nemo Lighting* durfte im Haus stattdessen ins Obergeschoss ziehen, während nun die *Fritz Hansen*-Pendelleuchte über dem gedeckten Tisch für wunderschönes Licht sorgt

Was man bei einem runden Tisch bedenken sollte: Nichts für Tischdecken-Fans. Das geht natürlich schon, kann aber schnell altbacken aussehen. Generell braucht es für mich nicht unbedingt eine Tischdecke, da ich stattdessen gerne auf Platzsets setze und Stimmung durch Deko erzeuge. Zum Herbst hin darf schon ab und zu eine schlichte Leinen-Decke in Kombination mit Accessoires in warmen Farben auf den Tisch.

Als Vorbereitung für das Table Setting laufe ich immer mit einer groben Vorstellung vom Endergebnis durchs Haus. Ich schaue dann, was zu dem Bild in meinem Kopf passt und sich richtig anfühlt. Bei meiner Schatzsuche öffne ich Schränke und Vitrinen, entführe Vasen und Kerzenständer von ihren eigentlichen Plätzen und sammle alles auf dem Tisch. Erstmal hinstellen, reduzieren kann ich hinterher. Ich nenne es gerne „wilde Harmonie", wenn nicht alles in Reih und Glied steht oder auf den ersten Blick zusammenpasst. Bis auf

das Geschirr und die Gläser, die sich nach der Anzahl der Gäste richten, achte ich auch immer darauf, dass Väschen, Kerzen und Co. nicht in geraden Zahlen daherkommen – ungerade Arrangements sind fürs Auge viel spannender.

Bei mir kommen auch mal unterschiedliche Gläser auf den Tisch oder ich mixe die Teller und Untersetzer durch. Auch das Besteck liegt nicht immer nach Knigge-Vorschrift.

Nach dem Eindecken gehe ich ein paar Schritte vom Tisch zurück und schaue mir die Gesamtwirkung an. Gibt es irgendwo Lücken? Sind die Farben und Höhen gut verteilt? Ist es noch praktisch? Mehr fürs Gefühl zuppel ich dann an einer Serviette und werkel so lange, bis ich das Ergebnis liebe. Ganz egal, ob es noch zu meiner Ursprungsidee passt oder nicht!

Color Explosion

An manchen Tagen ist mir nach mehr. Mehr Farbe, mehr Materialien, mehr Höhe. Zwischendurch denkt man sich vielleicht: Jetzt eskaliert es ein wenig. Doch am Ende passt dann alles wieder zusammen. Dieses Setting ist aus der Lameng entstanden und immer bunter, höher und mehr Ich geworden. Es setzt auf Frische und verschiedene Ebenen, die dem Auge ständig etwas Neues zu entdecken liefern.

Die Blumen reichen bis zur Lampe und werden farblich von der Neon-Kerze aufgefangen. Als ruhiger Kontrast steht die Pfeffermühle von *Valerie Objects* in schwarzem Design auf dem Tisch. In die Mühle habe ich mich in einem venezianischen Interior-Laden verliebt, sie aber erst nach reichlichem Überdenken in Deutschland gekauft. Die Pfeffermühle ist leider teuer, aber ich wusste, dass sie ewig bleiben wird.

Die Sukkulenten und die Wilde Möhre bilden eine ganz natürliche Verknüpfung zwischen Tisch und Blumenspitze.

Weil ich mit der Dekoration nun so Gas gegeben habe, decke ich dazu Geschirr, Servietten und Besteck in Schwarz-Weiß auf bunt gemusterten Platzsets.

Zu Tisch, bitte. Der Teriyaki-Lachs ist serviert!

Rezept siehe S. 127

Natürlich Cozy

Bei diesem gedeckten Tisch steht die Gemütlichkeit im Fokus. Diese schaffe ich durch wenige Ebenen und natürliche Farben und Materialien.

Tischsets aus Bast und goldenes Besteck nehmen den Tisch nicht ein, sondern veredeln ihn dezent. Durch das zeitlose weiße Hochzeitsgeschirr bringe ich zusätzlich Ruhe an den Platz. Als Servietten nutze ich zweckentfremdete Platzsets. Denn nur, weil nicht Serviette draufsteht, heißt das nicht, dass ich sie nicht als solche benutzen darf! Um die Natürlichkeit des Tischsets aufzugreifen und für gemütliches Licht zu sorgen, kommen noch ein paar Pflanzen und Teelichter auf den Tisch.

Inna hat mit ihrer Familie für einige Monate als ukrainische Gastfamilie bei uns gelebt. Zusätzlich zur Freundschaft brachte sie köstliche Wareniki in unser Leben!

Rezept siehe S. 138

Im Freien: *Terrasse*

Draußen gibt es keine anderen Regeln als drinnen, wenn es um die Tischdeko geht. Eher im Gegenteil, denn im Freien soll alles genauso funktionieren wie im Haus. Kerzen, Gläser, Servietten – nehme ich alles mit und ergänze um: Kissen! Entweder auf der Sitzfläche oder in Blickweite passend zum Tisch. Das Auge wandert schließlich, ganz besonders im Grünen.

Frisch und Spritzig

Wie schon gesagt, bin ich kein großer Gelb-Fan. Zitronen bilden da eine der wenigen Ausnahmen, in denen ich die Farbe sogar sehr mag. Mein Fokus für dieses Garten-Setting: Zitrusfrüchte! Damit das Gelb nicht die Überhand nimmt, kombiniere ich grüne Limetten und Artischocken, tiefe Teller in Schwarz-Weiß, meine weiße Fisch-Karaffe, filigrane Gläser und Stoff-Platzsets dazu. Die Tischdecke lassen wir im Schrank.

Wir sind im Garten, da darf das Besteck ganz locker in den Teller gelegt werden. Unsere Carbonara essen wir zwar meistens nur mit Gabel, aber der Löffel liegt bereit für alle, die ihn nutzen wollen.

Rezept siehe S. 126

Muster-Mix

Als Kontrast zur Natürlichkeit des Gartens fahre ich ordentlich Muster auf. Wenn Tischdecke, Servietten und Accessoires unterschiedliche Muster aufweisen, halte ich sie gerne in einer Farbfamilie oder lasse die Farbe gleich ganz weg. Die Servietten dürfen geknotet, unter das Besteck gelegt oder gefaltet auf dem Teller platziert werden – wieso nicht auch alle Varianten innerhalb eines Settings?

Die Natur des Gartens hole ich durch Platzsets aus natürlichem Material und mit Wilder Möhre in schlichten Glasvasen auf den Tisch.

Immer beim Tischdecken mit dabei: Gustl, der mich bei meiner Deko-Schatzsuche im Haus und beim Eindecken nie aus den Augen lässt. Wenn dann das Essen auf den Tisch kommt, bleibt er ganz brav und hat uns noch nie etwas vom Teller stibitzt – zumindest habe ich es bisher nie bemerkt.

Table Setting meets Food

Mir ist es wichtig, dass die Gerichte, die sorgsam zubereitet wurden, gebührend präsentiert werden. Das musste ich aber auch erst lernen, denn ich war eher der Typ „Mit der Kelle auf den Teller". Nun finde ich es wichtig, die Hingabe während des Kochens nicht nur schmecken, sondern auch auf dem Teller sehen zu können.

Die Sorgfalt und die Ruhe, die Björn beim Ausprobieren von Rezepten ausstrahlt, erstaunt mich immer wieder. Ich beobachte gern, wie er Soßen reduziert, Zitronen abreibt, Marinaden abschmeckt und Fisch perfekt gart. Er ist der feine Koch mit den klaren Aromen und den ausgewogenen Geschmackserlebnissen, doch die Küchenzeile kann ab und an schon etwas chaotisch aussehen. Ich wische dann schnell zwischen und lasse meinen Küchenchef auf seinem geliebten *Frankfurter Brett* zaubern. Seine Schnittkunst ist ausgefeilt und oft genau kalkuliert. Wenn ich zwischennasche, gibt's auch mal Mecker.

„Kontemplatives Gemüseschneiden ist für mich ein krasser Kontrast zum hektischen Job. Ich lasse mir für das Mis en Place gerne Zeit. Ist alles vorbereitet, kann ich mit dem Kochen loslegen." – Björn

Ich hingegen bin die „Aus der Lameng"-Köchin, bei der es aber auf der Küchenzeile immer schön ordentlich bleibt. Gemüseabschnitte, Schalen oder soßige Löffel werden sofort aufgeräumt, sonst bin ich in meiner Kreativität nicht ganz frei. Ich bin nämlich kein Genie, das das Chaos beherrscht.

Für gewöhnlich finde ich meine Koch-Inspiration direkt im Kühlschrank. Auf der Grundlage dessen, was schon da ist, überlege ich mir spontan, wie ich die Geschmäcker besonders gut kombinieren kann. Meine Gerichte sind ehrlich, lecker und in der Regel ratzfatz gemacht. Kein Sterne-Niveau, aber meiner Familie und unseren Gästen schmeckt's so oder so!

Rezept siehe S. 148

Am liebsten richten wir unser Essen für die Gäste oder unter der Woche nur für uns drei direkt auf den passenden Tellern an. So kommen die Komponenten besonders schön zur Geltung. Insbesondere im Garten darf es jedoch auch mal Selbstbedienung sein und das Essen wandert in Gänze direkt in die Tischmitte. Jedoch nie einfach im Topf, dafür habe ich über die Jahre viel zu schöne Schüsseln gesammelt.

Übermäßige Deko findet auf unseren Tellern nicht statt, doch mit ein paar Kniffen und Ergänzungen lässt sich das Essen gebührend präsentieren. Nudeln werden beispielsweise immer als Nest angerichtet. Soßenstrich, Lack und kleine Tupfer von Pürees sind eine einfache Möglichkeit, die einzelnen Bestandteile elegant zu präsentieren. Generell mögen wir nichts auf dem Teller haben, was nicht essbar ist. Blattgold zum Beispiel – wenn auch essbar – wäre gar nichts für uns. Lieber soll das Essen im Vordergrund stehen und für sich glänzen. Essbare Blumen hingegen sind eine optische Deko, auf die ich besonders im Frühling und im Sommer öfter zurückgreife.

Es bereitet mir Freude, mit der Komposition ganz einfacher Gerichte zu spielen. Das Anrichten sehe ich als eine Art Dekorations-Herausforderung. Das beginnt bei der Auswahl des Tellers und endet beim letzten dekorativen Kniff. Eine einfache Granola-Bowl kann man auf einem breiten, tiefen Teller so anrichten, dass die Beeren als Halbmond an dem Joghurt drapiert werden. Einfach ein bisschen die kreative Ader fließen lassen oder sich Inspiration auf *Pinterest* holen!

Gast sein

Mitbringsel

Wenn wir bei unseren Freunden und Freundinnen eingeladen sind, freuen wir uns auf eine schöne Zeit voller guter Gespräche und leckerem Essen. Es ist immer schön, selbst Gast zu sein und auf ganz persönliche Weise begrüßt zu werden.

Mitbringsel sind absolut kein Muss, aber eine besondere und schöne Geste. Meine Freundin Isi bringt zum Beispiel oft einen Nachtisch oder Kaffee-Begleitung in Form ihres oberleckeren Apfelkuchens mit. Dieser ist quasi ihr Signature-Dish und ein tolles Gastgeschenk! Ich wünsche ihn mir auch zu jeder Gelegenheit von Isi, auch wenn ich manchmal fast ins Koma falle, weil ich nicht aufhören kann, zu essen.

Für Feste, bei denen die Runde so schön lebhaft ist, weil alle Kinder aus dem Freundeskreis irgendwo Blödsinn aushecken, beziehe ich Max in die Mitbringsel-Vorbereitung mit ein. Dann gibt es den Snackkranz aus Zutaten wie Mozzarella-Bällchen, Melone, Salami, Pesto und anderen Leckereien. Die große, bunte Platte sorgt für die perfekte Snack-Versorgung und schenkt mir gleichzeitig viele witzige Max-und-Mama-Momente.

Björns Mitbringsel hat nichts mit Essen zu tun. Statt auf Snacks setzt er auf Songs. Gemeinsam mit Marion, die einen eigenen Podcast hosted, in dem es unter anderem um ihre große Leidenschaft für Musik geht, erstellt er für gemeinsame Abende maßgeschneiderte Playlists. In Marions Podcast BÆM! waren sowohl mein Mann als auch ich bereits als Gast dabei – Fortsetzung folgt!

Die Mitbringsel-Playlist passt perfekt zur geselligen Runde, unterstreicht den Abend und kann schon mal dazu führen, dass wir um den Tisch tanzen und gemeinsam abrocken.

Findet heraus, wie sich so eine Mitbringsel-Playlist von Marion und Björn anhört. Einfach die Spotify-App auf dem Handy öffnen, auf „Suche" gehen, das Kamerasymbol anklicken, Playlist-Code einscannen und reinhören!

Auf den folgenden Seiten laden uns ein paar unserer Freunde und Freundinnen in ihr Zuhause ein. Gemeinsam laufen wir durch ihre Räume, plaudern ein bisschen und genießen leckere Gerichte an wunderschön gedeckten Tischen.

Rezept siehe S. 152

Zu Gast bei Heike & Thomas

Die beiden sind unsere erweiterte, ausgesuchte Familie. Die Männer kennen sich seit der Kindheit und Heike und ich haben uns vor über 25 Jahren direkt Herz über Kopf verliebt. Heike und Thomas – oder Ekieh und Thünni, wie wir sie nennen – sind die Paten von Max, teilen unsere Leidenschaft fürs Leben, Lieben, Reisen und Genießen, und sind trotz der Entfernung zwischen Düsseldorf und München immer bei uns.

„Suse, Björn und Max – unsere Mucis, wie wir sie liebevoll nennen – sind drei wunderbare Menschen, eine besonders geschmackvolle Verbindung und uns beste Freunde. Die drei wissen, wie Leben, Liebe & Lifestyle gehen, was ‚man' anzieht und wie vier Wände immer wieder zu etwas Außergewöhnlichem werden. Angetrieben von gleicher Leidenschaft und Kreativität lassen sie auch jedes Essen zu einem Genuss werden. ‚Uniquely Mucis' – alles hat Stil, Seele und Charakter, aber vor allem Herz." – Heike und Thomas

Interior-Welt

Heike und Thomas lieben den cozy Minimalismus. Beton kombinieren sie mit Holz. Dazu fröhliches Schwarz und klares Weiß. In ihrem Zuhause darf sich immer gern etwas verändern und weiterentwickeln, solange es noch zur Linie der beiden passt. Ihr eigenes Haus, das beide vor über zwanzig Jahren in Düsseldorf gebaut haben, hatte anfänglich Elemente wie Stuck an den hohen Decken, der eher in einem Altbau zu erwarten wäre. Um der schnörkellosen Philosophie konsequent zu folgen, ist der Stuck mittlerweile gewichen.

Die beiden lieben es, genau wie wir, sich auf der ganzen Welt neue Ideen zu holen. Häufig zieht es Heike und Thomas in den asiatischen Raum und dort lassen sie sich von einzigartigem Design inspirieren. Klare Linien, freie Flächen, harmonische Kombinationen und wertige Fokuspunkte – gern in Schwarz und kombiniert mit natürlichen Materialien.

Wenn Björn und ich zu Besuch sind, fühlen wir uns direkt pudelwohl. Das liegt zum einen natürlich an Heike und Thomas und zum anderen an der einladenden Atmosphäre des gesamten Hauses. Sie mögen es reduziert und konzentrieren sich auf Weniges, aber Wertiges und Wirkungsvolles. So minimalistisch und geradlinig die Einrichtung ist, so lebendig fühlt sich das Zuhause trotzdem an. Zum Wohlfühlen lädt auch die Beleuchtung ein. Meine Freundin achtet immer darauf, dass das Licht warm und einladend ist und für eine behagliche Atmosphäre sorgt. Besonders im Eingangsbereich, der durch die sehr hohen Decken und den beeindruckenden Treppenaufgang kühl wirken könnte, sorgen Kerzen und ein passender Spruch an der Wand für eine warme Willkommensstimmung.

Die Wände – in Schwarz oder Weiß – bilden den perfekten optischen Rahmen des Hauses. Großformatige Eyecatcher, wie die weiße Struktur-Leinwand hinter dem Esstisch, werden mit Lettering-Prints, die sich durch die Räume ziehen, kombiniert. Die Sprüche setzen Akzente und vermitteln Botschaften mit Herz, während Schwarz-Weiß-Fotografien für Lebendigkeit sorgen.

Eine Besonderheit, die vielleicht erst auf dem dritten oder vierten Gang durch das Haus auffällt, ist die Art und Weise, wie Möbel platziert werden – sie stehen nie direkt an der Wand. Die Couch ist von der Wand abgerückt, die Badewanne steht frei und das Bett steht einige Zentimeter von der Wand entfernt im Raum.

„Ich liebe es, umzuräumen – das hält den Kopf und das Interior frisch. Dafür greife ich nicht unbedingt auf Neues zurück, sondern kombiniere gern unsere sorgsam ausgewählten Stücke neu. Ein Hocker aus dem Schlafzimmer wandert dann mal in den Flur oder Bilder in den Keller und andere kommen wieder hervor. Mein Lieblings-Möbelstück ist die großzügige Couch mit tiefer Sitzfläche – sie bietet mir immer wieder die Möglichkeit, durch Kissen und Decken neue Accessoires und Struktur in den Raum zu bringen. Wenn es ein bisschen mehr Veränderung sein darf, wird auch schnell mal eine Wand neu gestrichen. So wurde das Badezimmer durch eine schwarze Wand viel gemütlicher und harmonischer." – Heike

Neben dezenten Holzhockern und ein paar Coffee Tables steht nicht viel rum. Hier und da findet man schon eine Vase oder stylischen Blumentopf. Es fällt sofort auf: Alle Vasen im Haus passen entweder durch die Form oder die Oberflächenstruktur zusammen. Verliebt sich Heike in ein Design – wie zum Beispiel in die Vasen von *Guax* – dürfen auch gerne mehr einziehen!

Die wenigen Blumentöpfe gehen wohl darauf zurück, dass Heike und Thomas generell nicht viele Pflanzen im Haus haben.

„Wir haben zwar wenig Grün im Haus, aber einen großen Fantasie-Garten mit vielen Bäumen, in denen sich die Tiere wohlfühlen. Einmal hat sich ein Fuchs zu uns verirrt. Obwohl er aufgrund seiner eher dunklen Farbe durchaus zur Einrichtung gepasst hätte, waren wir froh, dass er weitergezogen ist." – Thomas

Björn, Max und ich sind nicht die einzigen, die sehr gerne bei Heike und Thomas vorbeischauen und vor lauter Gemütlich- und Herzlichkeit direkt ein paar Stündchen länger als geplant bleiben. Die große Monoblock-Couch bietet vielen Freunden und Freundinnen Platz zum Chillen. Unsere Freundin Steffi hat es sich auch gemütlich gemacht, während das Essen verführerisch aus der Küche duftet!

„Suse und Björn schaffen es auf ihre besondere Art, dass man sich jederzeit herzlich willkommen und sofort wie zu Hause fühlt. Nicht nur als Gastgeber, Küchenzauberer und Inspiration sind sie unvergleichlich – auch ihre Freundschaft ist einmalig. Die beiden sind echte Herzensmenschen." – Steffi

Table Setting

Heike teilt meine Liebe für Table Settings und obwohl ich es meistens farbenfroh und ein wenig voller auf dem Tisch mag, trifft sie mit ihren Settings doch immer meinen Geschmack. Der Stil und vor allem die Gemütlichkeit des Hauses finden sich auf dem gedeckten Tisch wieder und laden zum Genießen ein.

„Wenn wir Gäste empfangen, sind das Begegnungen mit Genuss. Thomas und ich lieben es, ein einfaches Treffen mit leckerem Essen in schöner Atmosphäre zu einem kleinen Fest zu machen." – Heike

Die Natürlichkeit, die in den Räumen durch warmes, schwarz geöltes Holz entsteht, findet sich auf dem Tisch in Form von Platzsets aus Naturmaterialien und Servietten aus Leinen wieder. Die beiden sind keine großen Fans von bunten, gebundenen Sträußen. Einzelne weiße Schnittblumen dürfen aber sehr gerne auf dem Tisch in Szene gesetzt werden.

Ein Großteil ihres Geschirrs haben die beiden auf Reisen entdeckt. Teller, Tassen und Schüsseln sind eine Sammlung aus Marrakesch, Kopenhagen, Kolumbien und Südfrankreich.

„Das Geschirr aus Marrakesch war ein toller Fund. Das Muster, die Form und die Handarbeit jedes einzelnen Teils faszinierten uns auf den ersten Blick. Wir haben direkt auf dem Markt unsere Bestellung aufgegeben, die individuell für uns angefertigt und anschließend nach Deutschland überführt wurde. In den Monaten nach dem Besuch in Marrakesch waren wir gespannt, ob und in welchem Zustand unser Traum-Geschirr bei uns eintreffen würde. Und siehe da: Eines Tages stand eine riesige Kiste vor der Tür und seitdem wird es täglich genutzt." – Thomas

„Ich liebe ausgesuchte, individuelle Schätze und könnte unsere Geschirr-Kollektionen ständig erweitern. Von dieser Leidenschaft ist nur leider mein Mann und der Platz in unseren Küchenschränken nicht mehr sehr begeistert." – Heike

Neben Leinen-Servietten, schwarzem Geschirr und Besteck dürfen auch Holzbrettchen mit kleinen Gewürzschalen als Dekoelement auf dem schwarz gewachsten Stahltisch nicht fehlen. Durch das natürliche Material, warmes Kerzenlicht und die strahlenden Farben der frischen und köstlichen Gerichte auf den Tellern, wird das Setting lebendig und lädt zum Anstoßen ein.

„Wenn ich bei Heike und Thomas zu Gast bin, freue ich mich auf meine Aufgabe während der Vorbereitung: Gesellschaft leisten, Geschirr reichen, Gläser eindecken und schließlich gemeinsam auf uns und ein schönes Essen anstoßen!" – Steffi

Food

Wenn es ums Essen geht, sucht Heike in der Regel die Gerichte aus und abwechselnd besorgen beide die Lebensmittel. Das gemeinsame Kochen ist zum Ritual geworden, für das sie sich am Wochenende gerne Zeit nehmen, während diese unter der Woche meistens zu knapp ist.

„Wir gehen auch gerne essen, aber am liebsten kochen und essen wir gemeinsam." – Heike

Wie Björn und ich, greifen die beiden sehr gerne zu Fisch. Inspiriert durch ihre Reisen nach Asien darf dieser gerne scharf zubereitet sein und durch exotisches Gemüse auf dem Teller ergänzt werden. Ein klassischer Ekieh und Thünni: *Heilbutt mit Grapefruit & Oliven.*

Auf dem dunklen Geschirr steht das farbenfrohe Menü leuchtend im Mittelpunkt der gedeckten Tafel. Neben Fisch lieben sie Meeresfrüchte aller Art, kombiniert mit frischen Zutaten und einem leckeren Glas Wein als Essensbegleitung.

„Wir lieben es, zu kochen, um zu genießen – dabei muss es nicht kompliziert zubereitet oder aufwendig angerichtet werden. Einladend aussehen sollte es schon, denn dass das Auge mit isst, ist nicht nur ein Spruch!" – Thomas

„Auf meinem Teller liebe ich sehr viel mehr Farbe als in meiner Einrichtung. Ich arrangiere die wenigen Zutaten auf den Tellern gern so, dass sich auch mein ästhetischer Blick daran erfreut." – Heike

Neben Fisch, Meeresfrüchten, Gemüse, Chili und Zitrusfrüchten sind die beiden große Liebhaber von exzellentem Olivenöl. Ich kenne keinen gedeckten Tisch der beiden, auf dem Baguette, Olivenöl und Meersalz fehlen.

Rezept siehe S. 144

Zu Gast bei Eva

Meine liebe Eva habe ich als recht frisch zugezogene Münchnerin über gemeinsame – für mich noch neue – Freunde und Freundinnen kennengelernt. Die Herzlichkeit von Eva und ihrem Mann Andreas war einer der Gründe, weshalb wir uns so gut im Süden eingelebt haben und nun so viele tolle Anlaufstellen fürs Gastsein haben.

Interior-Welt

Wer Gast bei Eva und Andreas sein darf, wird zunächst tierisch herzlich begrüßt und durch den Garten in das Herzstück des Hauses begleitet: Die Küche mit Essbereich und anschließendem Familien-Wohnzimmer. Ihr Zuhause vermittelt direkt beim Betreten eine ganz behagliche Fröhlichkeit, die durch warmes Holz, ruhiges Schwarz und Farbtupfer in Form von neonfarbenen Kerzen, frischen Blumen und stimmigen Stoffen und Vasen untermalt wird.

„Hier wird gelebt! Es ist bunt und es stehen viele persönliche Erinnerungsstücke herum. Das Klavier, auf dem meine Kinder üben, steht genauso im Wohnzimmer wie all die Bücher und Fotoalben, die wir so lieben." – Eva

Die Bücher stehen nicht nur herum, sie bilden eine regelrechte Bibliothek und sind somit ein Blickfang in der Einrichtung. Die verschiedenfarbigen Buchrücken werden im gesamten offenen Untergeschoss – also dem Wohnzimmer, Essbereich und der Küche – durch Dekoelemente aufgegriffen und mit Familienaufnahmen in der Fotowand wunderschön ergänzt.

Die Familien-Couch ist durch ihre Größe das wohl zweitmächtigste Möbelstück – zum mächtigsten kommen wir noch! – im gesamten Haus. Auf ihr ist unglaublich viel Platz zum Lesen, Lümmeln und zum Quatschen.

„An der Couch liebe ich besonders, dass ich sie mit meinem Lieblingsaccessoire – Kissen in den unterschiedlichsten Ausführungen – immer wieder neu in Szene setzen kann. Je nach Jahreszeit oder Inspiration greife ich auf Muster, Farben und aufregende Strukturen zurück. So wird es nie langweilig und immer extra gemütlich!" – Eva

Deko-Inspiration sammelt Eva beim Scrollen durch *Pinterest* und *Instagram* oder macht es sich in einer ruhigen Minute mit einer Wohnzeitschrift auf der Liegewiese im Wohnzimmer gemütlich. Statt sich dabei auf einen konkreten Stil einzuschränken, pickt sie sich lieber aus vielen Stilen genau die Inspiration heraus, die in ihr Zuhause passt.

Kommen wir nun zu dem mächtigsten Möbelstück des Hauses: der Kochinsel! Direkt beim Betreten des Hauses fällt diese ins Auge. Die Beton-Insel ist aus einem Guss, wiegt 2 Tonnen und war eine kleine architektonische Herausforderung bei der Bauplanung.

„Die Insel aus Beton war lange ein Traum von meinem Mann und mir. In diesem Haus haben wir ihn uns erfüllt und sind auch nach einigen Jahren noch sehr glücklich mit der Entscheidung." – Eva

Die Küche, welche bis auf kleine „Nicht-vergessen"-Zettelchen und den Familienkalender recht clean gehalten ist, bildet den Sammelpunkt für Gäste. Björn und ich lieben es, direkt an der Kochinsel einen Cappuccino zu trinken und uns mit Eva und Andreas zu verquatschen. Beton in Kombination mit Holzhockern und mit dem Blick auf frische Kräuter strahlt dabei ein Gefühl von Nachhausekommen aus und lädt zum Verweilen ein.

Table Setting

Bei Eva und Andreas wird wie bei uns direkt in der Küche gegessen. Der Esstisch steht in Wink-Entfernung zur Kochinsel, an der Eva gerne für unseren Freundeskreis kocht.

Wir Gäste dürfen uns währenddessen an den gedeckten Holztisch setzen, der wie das Interior durch einen Mix aus Holz, schwarzen Elementen und frischen Farben Fröhlichkeit in die Runde bringt.

„Für mich ist es wichtig, dass ich etwas vorbereitet habe, wenn die Gäste kommen. Das ist einfach einladend und es macht mich glücklich, wenn sich meine lieben Freunde und Freundinnen direkt beim Betreten unseres Hauses willkommen geheißen fühlen." – Eva

Frische Blumen, von denen ich selbst nie genug kriegen kann, schneidet Eva in der Umgebung am liebsten auf Selbstschneide-Feldern. Dann wandert ein großer Strauß ins Table Setting und die restlichen Schnittblumen werden in Sichtweite auf der gesamten Etage verteilt – so ist alles schön stimmig und erstrahlt in einer kunterbunten Farbwelt!

Beim Tischdecken greift meine Freundin das Material der Tischoberfläche durch dekorative Holzteller super harmonisch auf und ergänzt die Farbigkeit der Blumen durch mintfarbene Platzsets, Statement-Servietten und die verspielte Fisch-Karaffe, die ich selbst auch im Küchenschrank habe. Statt Stabkerzen findet man bei Eva Teelichter in der Tischdeko. Das bietet weniger Verbrennungsgefahr beim Anstoßen und sorgt auch für Sicherheit, wenn unsere Kinder mit am Tisch sitzen und herumalbern.

„Ich vergesse tatsächlich häufig, die Kerzen anzuzünden. Die Gefahr ist daher nicht so groß, auch wenn die Kinder dabei sind – und das sind sie eigentlich immer. Auch wenn wir zahlenmäßig zu viele Menschen für den Tisch sind, wird niemand ausquartiert. Irgendwo und irgendwie findet sich immer eine passende Lücke am Tisch!" – Eva

Food

Eva ist in ihrem Haus diejenige, die kocht. Andreas hilft dann eher beim Abschmecken und Vorkosten.

„Manchmal ist die Auswahl der Gerichte gar nicht so einfach. Meine Kinder sind Esser mit Extrawünschen, genau wie mein Mann. Diese alle zu vereinen ist eine Kunst für sich!" – Eva

Die Leidenschaft für gutes Essen könnte in Evas DNA liegen. Ihr Vater ist Südtiroler und ihre Mutter, die sowieso eine großartige Köchin ist, hat sich nach und nach die italienische und südtirolerische Küche angeeignet. Mit diesen Gerüchen und Gerichten aufzuwachsen, muss einfach prägen.

„Ich liebe die italienische Küche. Auch als Halb-Südtirolerin bereite ich mein geliebtes Radicchio-Risotto meistens im *Thermomix* zu. Das ist absolut erlaubt! Ich spare mir durch das Gadget viel Zeit, die beim Reiben von Parmesan und dem Köcheln unter ständigem Rühren draufgehen würde. Als Mutter, die am besten an drei Orten gleichzeitig ist, ist es einfach eine große Erleichterung. Schmecken tut es so oder so köstlich!" – Eva

Sehr gut für das Risotto und für uns Gäste: Evas Cousin macht seinen eigenen Wein und betreibt einen Wein-Großhandel. Der Wein wandert auch gerne mal mit ins gute Essen und zum Anstoßen in die Weingläser!

Rezept siehe S. 132

Zu Gast bei Marion

Marion und ich haben uns durch meinen Einrichtungsstil kennengelernt. Wie ich schon erzählt habe, wurde sie über meinen *Instagram*-Kanal und insbesondere aufgrund meines Chevron-Teppichs und der schwarzweißen Tapete auf der Toilette auf mich aufmerksam. Wir erkannten schnell, dass uns nicht nur die Interior-Leidenschaft, sondern vor allem menschliche Dinge verbinden, sodass sich eine Freundschaft entwickelte. Björn und Marion haben besonders die Musik gemeinsam, zu der wir an meinem Geburtstag schon wild bis zum Morgen getanzt haben.

Interior-Welt

Als Chefredakteurin ihres Interior-Magazins *Living & More* kennt sich Marion in der Welt des Einrichtens wie keine Zweite aus. Allein durch ihren Job kann sie (fast) allen Einrichtungsstilen etwas abgewinnen, aber ihren eigenen Stil findet man in keinem Katalog. Ihr Zuhause ist eine Sammlung von Schätzen und Erinnerungen, die alle ihre eigenen Geschichten erzählen.

„Ich habe keinen festen Stil – das ist mein Stil. Meine Einrichtung passt in keine Schublade. Sie ist weder Scandi noch Vintage – sie ist einfach Ich. Mit meinen Sachen lebe ich bereits mein halbes oder sogar ganzes Leben. Das sind keine Trend-Must-haves, zumindest nicht gezielt gekauft." – Marion

Ein Designerstück, in das sich Marion aufgrund des Vintage-Designs von 1974 doch verliebt hat, ist der *Ligne Roset* Togo Sessel. Er ist ein echter Hingucker, super bequem – das kann ich nur bezeugen, er steht in einer anderen Ausführung auch in meinem Zuhause – und fügt sich mega cool in Marions gemütliches Wohnzimmer ein.

Als gelernte Tischlerin hat meine Freundin in ihrer Münchner Wohnung nicht nur Hand angelegt, sondern sie komplett selbst renoviert!

„Der Zustand der Wohnung war absolut katastrophal. Überall Schimmel, Messi-Überreste der Vormieter – ich dachte beim ersten Besichtigen, mich würde der Schlag treffen." – Marion

Dass sie nicht einfach umgekehrt ist, sondern das Potenzial der Immobilie für sich und ihre Tochter Florentine erkannt hat, und all ihr handwerkliches Können zückte, zeigt, was für eine Powerfrau sie ist. Und wer handwerklich so viel drauf hat, kann auch Tapeten anbringen! Marion teilt meine Leidenschaft für Muster an der Wand und nutzt diese gerne für Akzente in Kombination mit gestrichenen Flächen in sanften Tönen.

Wenn man so durch die Wohnung läuft, findet man überall ganz besondere Eyecatcher. Dies sind in der Regel Fundstücke aus dem Urlaub, wie beispielsweise die Fische aus Portugal. Sie sind ein Souvenir aus dem Surfurlaub und hängen nun exakt so in der Küche, wie sie in dem kleinen Töpferladen präsentiert wurden. Die künstlerisch bemalten Wandteller sind ein Mitbringsel aus Paris.

„Einer der Teller ist mir heruntergefallen. Ich war richtig verzweifelt, habe ihn dann aber nach japanischer Kunst mit Blattgold repariert. Das war sehr zeitintensiv und aufwendig, aber die Herausforderung und die Mühe, die in dem Teller stecken, machen ihn nun sehr viel besonderer für mich." – Marion

So vieles in Marions Zuhause ist ganz unabhängig vom objektiven Wert unbezahlbar. Besonders in den Bücherregalen, die sich durch den 10 Meter langen Flur ziehen, tummeln sich sehr viele kleine Schätze voller Emotionen. In diesem Bereich ist auch das Home Office integriert: Ein Schreibtisch samt Home-Pod. An ihm verbringt Marion die meiste Zeit, während sie an ihrem Magazin und ihren Büchern arbeitet. Der Bluetooth-Lautsprecher steht dabei nie still: Ob Punk, Metal, New Wave oder Querbeet, der passende Soundtrack darf nie fehlen.

„In meinem Zuhause ist immer Remmidemmi! Hier wird nichts inszeniert – hier wird gelebt, getanzt, viel zu lange gearbeitet und viel zu spät ins Bett gegangen." – Marion

Im Wohnzimmer findet sich ein weiteres Stück mit Geschichte. Dabei geht es nicht um die Couch, die nur zum Quatschen und Platten anhören mit Freundinnen und Freunden, statt zum Fernsehen genutzt wird, sondern um die Tiroler Hochzeitstruhe. Ein Stück Familiengeschichte, das zur Zeit der eigentlichen Nutzung eher nicht so fortschrittlich für das Frauenbild war. Darin wurde das Hab und Gut einer Frau gepackt, bevor sie samt Kiste in die Ehe gesendet wurde.

Table Setting

Zwei Einrichtungsstücke, die Marion selbst gebaut hat, sind die Sitzbänke an ihrem Esstisch. Bezogen mit schwarz-weißem Stoff bilden sie einen stylischen Kontrast zum Vintage-Holztisch, der ein Erbstück ihrer Mutter ist. Frische Blumen stehen immer auf dem massiven Tisch, dafür sind Platzsets und angelegte Gabeln und Messer nicht so Marions Ding.

„Mir geht's nicht darum, die perfekte Gastgeberin zu sein, sondern einzig darum, dass sich meine Gäste absolut wohl und willkommen fühlen. Wer bei mir eingeladen ist, der weiß, dass der Tisch nicht gedeckt sein wird. Wahrscheinlich ist auch das Essen noch nicht ganz fertig. Ich mag es lieber ganz leger und unkonventionell." – Marion

Es ist richtig schön gesellig, wenn die große Schüssel mit Marions „Dolce Vita"-Nudelsalat einfach in die Mitte des Tisches gestellt wird und sich alle nach Lust und Laune und immer mal wieder zwischendurch bedienen können. Marions Table Setting ist ihre Präsenz, die gekühlten alkoholfreien Getränke (wir beide sind ganz ohne Alkohol happy!) und die Playlist samt herzlicher Umarmung, mit der sie ihre Gäste im Flur begrüßt.

Rezept siehe S. 111

Food

Wenn Björn und ich uns mit Marion treffen, ist das Essen eine tolle Begleitung zum Gespräch – und nicht andersrum. Für die Powerfrau muss Essen ins Leben passen und sich dem Alltag fügen.

„Wenn mich jemand bekocht, freue ich mich immer sehr! Ich liebe es, lecker zu essen, habe aber oft selbst keine Zeit für die Zubereitung. Meine Teenager-Tochter ist zum Glück sehr selbstständig und hat einige Gerichte auf Lager, die sie abends für uns beide kocht, falls ich noch am Schreibtisch sitze."
– Marion

Wenn Marion dann aber zaubert, ist es super lecker. Viel frisches Gemüse, aromatische Kräuter und Pasta sind immer ein Bringer!

Gast & Gastgeberin im Urlaub

Le Cannet

Der kleine südfranzösische Ort oberhalb von Cannes ist für meine Familie und mich etwas ganz Besonderes. Le Cannet bedeutet Urlaub, Freundschaft, Genuss und pure Entspannung.

Seit 2017 besuchen Björn, Max, Gustl und ich jedes Jahr den französischen Küstenort. Zu Gast sind wir bei Heike und Thomas, die sich den Traum vom eigenen Ferienhaus in der Sonne ein Jahr vor unserem ersten Besuch dort erfüllt haben. Ihre Villa Magnifique ist für uns zu einem Lieblingsort geworden – einem „home away from home", das uns samt Gastgeber und Gastgeberin immer wieder aufs Neue mit offenen Armen empfängt.

Der Ort steckt voller Charme. In den engen Gassen von Le Cannet finden wir jährlich neue Lieblingsecken, verweilen für einen Kaffee oder Rosé im Bistro, stöbern uns durch die Interior-Boutiquen und flanieren zu fünft – Heike, Thomas, Björn, Max und ich – einfach ziellos mit Gustl und ganz viel Unbeschwertheit herum.

So zauberhaft der Ort ist, so sehr zieht es uns nach ein paar Stunden des Erkundens immer wieder zurück in die wunderschöne Steinvilla. Dort können wir uns so richtig entspannen, den Sonnenuntergang über dem Meer beobachten, bei Musik gesellig zusammensitzen und gemeinsam all die leckeren frischen Lebensmittel in Lieblings-Gerichte verwandeln.

Villa Magnifique

Die typisch französische Villa aus Stein war ein unverhoffter Volltreffer. Heike und Thomas waren zwar auf der Suche nach einem Ferienhaus, aber dass es Südfrankreich werden würde, war nicht unbedingt geplant.

„Der Vibe stimmte und wir haben uns direkt in die vier Wände des alten Schmuckstücks verliebt. Beim ersten Besuch hatte jeder Raum andere Bodenfliesen und die bestimmenden Farben des Hauses waren Türkis und Rot. Das Potenzial von Haus, Garten und Pool war uns aber sofort ersichtlich, sodass wir uns einfach auf das Experiment einlassen mussten." – Thomas

Die Aufteilung der Räume war perfekt. Mit modernem olivfarbenen Betonboden, einem frischen Anstrich an den Wänden und neuen Fenstern, Türen sowie Schränken haben die beiden der alten Villa einen neuen Look verpasst. Die Einrichtung entspricht unverkennbar dem Stil von Heike und Thomas – die Liebe zum Detail, reduziert und konzentriert auf Weniges aber Ausgesuchtes, bringt Seele und Charakter der Villa hervor. Schwarz und Weiß werden auch in Südfrankreich mit natürlichen Materialien, faszinierenden Accessoires und Einzelstücken kombiniert.

Das Sonnenlicht, das durch die vielen großen Fenster und immer offenen Türen tanzt, harmoniert mit der geschmackvollen Einrichtung und lädt zum Träumen ein.

„Wir wollten mit der Villa einen Ort schaffen, der sich nach uns anfühlt. Es gibt so viele wunderschöne Ferienhäuser, doch dieses ist ein Zuhause, ein Ort zum Wohlfühlen und zum Teilen. Am liebsten laden wir unsere Freunde und Freundinnen ein und genießen die Zeit zusammen. Bei jedem Besuch verändere ich ein bisschen etwas, bleibe meiner Linie aber immer treu. Es ist ein stetiger Prozess, der mir sehr viel Spaß macht." – Heike

Heike und Thomas öffnen die Villa Magnifique nicht nur für meine Familie und mich, sondern auch für Gäste, die ein paar Tage oder Wochen im südfranzösischen Paradies verbringen wollen. Auf www.villamagnifique.com und über den Instagram-Account @villamagnifique sind Anfragen willkommen.

Auszeit für Körper und Seele

Im Urlaub gibt es keine Regeln oder Termine, stattdessen haben sich ganz natürlich Rituale entwickelt.

An einem klassischen Morgen in Le Cannet schwimme ich eine Runde durch den Pool, während ein noch leicht verschlafener Max auf der Liege am Rand liest oder neue Poolsprung-Tricks übt. Heike und Thomas joggen entlang des Canal de la Siagne und Björn dreht seine Tour mit Gustl in der Natur. Zum Frühstück treffen wir uns alle auf der Terrasse, genießen den Meerblick und sitzen bei Cappuccino, Baguette und Croissant gerne stundenlang zusammen und freuen uns darüber, keine festen Pläne zu haben.

Eines der Rituale, das sich von München bis Südfrankreich zieht, ist Björns Rolle als Chefkoch. Diese nimmt er auch im Urlaub sehr gerne ein und kann sich dabei ausleben und entspannen. Wir anderen helfen natürlich beim Einkaufen, Schnippeln, Tischdecken und Zwischenwischen.

„Ich mag es, wenn die Musik im ganzen Haus zu hören ist, sich alle in der Küche versammeln, wir Erwachsenen den ersten Koch-Rosé öffnen und uns miteinander wohlfühlen." – Björn

Neue Küche voller Inspiration

Leckeres Südfrankreich

Feste Pläne gibt es im Urlaub wie gesagt nicht, aber der Besuch auf dem Marche Forville in Cannes darf einfach nicht fehlen. Frühmorgens mache ich mich auch mal allein mit Björn auf den Weg, um noch vor dem Ansturm am Rande der Markthalle ein Petit Dejeuner zu genießen. Das ist unser Moment.

Füllen sich die Stände langsam, machen auch wir uns auf den Weg, um den Marktkorb zu bestücken. Mit den Jahren haben wir feste Anlaufstellen gefunden. Björn hat einen Käse- und Fischstand, den er immer sofort ansteuert. Ich bin derweil auf der Suche nach kleinen Leckereien wie Oliven und Pasten, und fülle meinen Korb mit der ein oder anderen Blume.

Wenn es um französische Bäckereien geht, bin ich haltlos. Ich kaufe meistens zu viele Baguettes, Croissants und auch an schönen Obst-Tartes kann ich selten vorbeigehen.

Unsere Tage an der Côte d'Azur bestehen nicht nur aus Essen, aber es hat schon einen großen Stellenwert. Gerade, weil wir das Drumherum so genießen und es den perfekten Rahmen für Geselligkeit bietet.

Hier wird gegessen

Über den Tag verteilt machen wir alle unser Ding. Lesen endlich die vernachlässigten Bücher, holen Schlaf nach, schwimmen unzählige Runden und treffen uns dann zum Essen immer gemeinsam am Tisch. Davon gibt es auf dem Grundstück einige, und diese werden auch alle genutzt! Ich habe in der Villa Magnifique natürlich ein ganz anderes Repertoire an Geschirr und Accessoires für die Tischdeko. Heikes Auswahl in Schwarz-Weiß und Naturmaterialien entspricht aber zu 100 Prozent meinem Geschmack und so ein bisschen Susanne bringe ich durch bunte Schnittblumen und außergewöhnliche Kombinationen immer auf den Tisch.

Meerblick

Die Terrasse ist unser liebster Essplatz. Hier frühstücken wir jeden Morgen oder ziehen am Abend, nachdem wir Björn beim Kochen geholfen haben, einige Schritte aus der Küche weiter zu Tisch, um gemütlich und vor allem lange zu essen.

Die groben weißen Teller werden auf schwarzen Leinen-Sets platziert und durch locker geknotete Servietten mit Lavendelzweigen aufgehübscht und einsatzbereit gemacht. Grüne Schnittblumen in dezenten Glasvasen greifen das zarte Grün der Wasser- und Weingläser auf und bringen alles stimmig zusammen.

Für Farbe auf dem Tisch sorgen Chili und die köstlichen Gambas auf Orangen-Limetten-Pasta. Dieses Rezept ist tatsächlich das allererste, das wir als Freundesgruppe gemeinsam in Südfrankreich gekocht haben! Es ist unser Le Cannet-Gericht und wird im Urlaub mindestens einmal gegessen.

Rezept siehe S. 133

Poolhaus

Abende, die kurz vor Sonnenuntergang mit der Frage: „Was essen wir heute eigentlich?" eingeleitet werden, enden auch schon mal ganz gemütlich im Poolhaus. Dort befindet sich die Außenküche samt Grill und windgeschützter Sitzecke. Der Blick in den Garten und auf den im Sonnenuntergang glitzernden Pool schafft die perfekte Atmosphäre und verlangt nach gar nicht viel Deko auf dem Tisch. Diese spontanen Koch-Abende werden von schnellen, schlichten und doch klassisch schönen Table Settings begleitet.

Weiße Platzsets aus Leinen, Teller und Servietten in Schwarz und/oder Weiß, Teelichter, die guten Weingläser, Gewürze und in der Mitte Platz für den Honig-Knoblauch-Lachs. Nach einem Tag am Pool genau der richtige Abschluss und gemütliche Ort zum Verquatschen.

Rezept siehe S. 139

Poolside

Um die letzten Sonnenstrahlen und die Kühle nach dem Sonnenuntergang so richtig zu genießen, verlagern wir unser Abendessen seit Neuestem auch mal in den Garten. Dazu wird die lange Tafel aus dem Essbereich kurzerhand an den Pool getragen.

Bei diesem Setting haben alle ihren Job: Max hängt mit Thomas die Lichterkette auf und bringt die Musikbox zum Laufen. Gustl behält den Pool im Auge und passt auf, dass niemand beim Tragen der Stühle hineinfällt. Björn kocht in der Küche, Heike weiß, wo alles im Haus zu finden ist und ich fange an, die zusammengetragene Tischdeko zu arrangieren. Heike und mein Stil sind nicht ganz identisch, aber sehr kompatibel. Mit ihrem Geschirr und meinen Akzenten erschaffen wir gemeinsam eine wunderschöne Tafel.

„Ich mag bunte Blumen eigentlich nicht so sehr, aber hier auf dem Tisch und im südfranzösischen Flair finde ich sie überraschend schön." – Heike

Die alten Holztische, die Heike und Thomas in der Nähe von Köln gekauft und nach Le Cannet gebracht haben, bekommen hier ihr zweites Leben. Tischdecken gibt es nie, aber Leinen-Servietten sind ein Muss. Die lange Tafel schmücken wir zudem mit grünen Mix-and-Match Gläsern, greifen die Farben des Gartens in Väschen auf und essen von den handgedrehten großen Tellern aus Marrakesch.

Das Poulet à la Björn kommt so, wie es im Ofen liebevoll zubereitet wurde, direkt in die Mitte des Tisches. Das Hühnchen ist eines von Max' Lieblingsgerichten im Urlaub und auch wir Erwachsene greifen gern ein zweites Mal zu.

Rezept siehe S. 136

Es sind die Momente, in denen wir immer wieder auf die Freundschaft anstoßen und laut über alte und neue Geschichten lachen, die das Leben ausmachen. Momente, in denen auch mal Tränchen vor Freude fließen und wir bei gemeinsamen Lieblingsliedern alle spätabends noch in den Pool hüpfen.

Das ist es, was Gastgeben und auch das Gastsein für mich ausmacht: Die Menschen und die Erinnerungen, die am Tisch entstehen, die wir uns aus allerhand frischen, bunten, salzigen, süßen, emotionalen, gemusterten und auch mal minimalistischen Zutaten selbst zaubern.

Rezepte

Suppen

Sides & Salate

Hauptgerichte

Süßes

Thymian-Maronensuppe

4 PORTIONEN

Die Zwiebel und das Suppengrün schälen und grob würfeln. Butter in einem Suppentopf auslassen und die Gemüsewürfel darin für einige Minuten anrösten.

Die Maronen hacken und in den Topf geben. Kurz andünsten lassen und mit der Gemüsebrühe auffüllen. Den Thymian im geschnürten Bündel in die Suppe geben und alles zusammen auf niedriger Hitze mit geschlossenem Deckel für 30 Minuten köcheln lassen.

Anschließend die Sahne hinzufügen und weitere 5 Minuten köcheln lassen.

Den Bund Thymian entfernen und die Suppe mit dem Stabmixer fein pürieren. Mit Salz und Pfeffer abschmecken und servieren.

ZUTATEN

1 große Zwiebel

1 Bund Suppengrün

1 EL Butter

400 g Maronen
(geschält und gekocht)

750 ml Gemüsebrühe

1 Bund Thymian

500 ml Sahne

Salz und Pfeffer

Dazu passt frisches Baguette. Die Suppe kann noch mit Croûtons, gebratenen Jakobsmuscheln, ausgelassenen Speckwürfeln oder einfach mit ein paar frischen Kräutern und Granatapfelkernen verfeinert werden.

Das ist unser Geheimtipp im Herbst und
Winter, wenn sich eine Erkältung ankündigt.
Ist die Suppe gegessen, heißt es nur noch:
Ab ins Bett und alles ausschwitzen!

Asiatische Erkältungs-Wundersuppe

6 PORTIONEN

Knoblauch und Ingwer schälen und genau wie die Chilischote klein hacken. Alles zusammen mit dem Sambal Oelek und Sesamöl in einem Suppentopf kurz anrösten.

Hühnerbrust waschen, in Streifen schneiden und bereitlegen.

Die Gewürze im Topf mit der Gemüsebrühe aufgießen. Zitronengras, Kaffir-Limettenblätter und Hühnerbrust-Streifen hinzufügen. Alles für ca. 10 Minuten bei mittlerer Hitze köcheln lassen.

Währenddessen die Paprika entkernen und in Streifen schneiden. Die Zuckerschoten putzen und ebenfalls in Stücke schneiden. Die Gemüsestücke in den Topf geben und weitere 10 Minuten ziehen lassen.

Zum Schluss die ungekochten Mie-Nudeln zugeben und 5 Minuten leicht köcheln lassen.

Mit frischem Koriander und etwas Sojasoße servieren und sofort genießen, damit das Gemüse noch schön knackig ist.

ZUTATEN

1 – 2 Knoblauchzehen

1 Stück Ingwer (daumendick und -lang)

1 Chilischote

1 EL Sambal Oelek

geröstetes Sesamöl zum Anbraten

400 g Hühnerbrust

1,5 l Gemüsebrühe

1 Stange Zitronengras

3 – 5 Kaffir-Limettenblätter

1 rote Paprika

1 gelbe Paprika

200 g Zuckerschoten

200 g Mie-Nudeln

1 Bund Koriander

Sojasoße

Svenjas goldene
Süßkartoffelsuppe

4 PORTIONEN

Olivenöl in einer großen Pfanne erhitzen und die gewürfelten Zwiebeln für ca. 3 Minuten anschwitzen. Knoblauch und Ingwer schälen, reiben und für ca. 2 Minuten mit den Zwiebeln andünsten.

Süßkartoffeln schälen, würfeln, mit in die Pfanne geben und alles zusammen anbraten.

Nun wird der Inhalt der Pfanne mit Gemüsebrühe und Kokosmilch abgelöscht, bevor die roten Linsen hinzugegeben werden. Alles einmal aufkochen lassen und anschließend die Hitze reduzieren. Die Würzsoße und das Currypulver hinzufügen und für 15 Minuten sanft köcheln lassen, bis die Süßkartoffeln weich sind.

Alles pürieren und mit Salz und Pfeffer abschmecken.

Serviert wird die goldene Suppe mit einem Klecks Kokos-Joghurt, Limettensaft und gehacktem Koriander.

ZUTATEN

4 EL Olivenöl

1 große Zwiebel

2 Knoblauchzehen

1 Stück Ingwer (daumengroß)

2 Süßkartoffeln

1 l Gemüsebrühe

400 ml Kokosmilch

160 g rote Linsen

4 EL Coco Aminos Würzsoße

2 EL Currypulver

Salz und Pfeffer

4 EL Kokos-Joghurt

1 Limette (Saft)

Koriander

Svenja (@moai.newyork auf Instagram) liebt gesunde, pflanzenbasierte Küche und inspiriert ihre Community mit farbenfrohen und super leckeren Rezepten. Ihre Positivität und strahlende Persönlichkeit machen das Leben süßer – ganz ohne Zuckerzusatz!

Alternativ zu Coco Aminos Würzsoße kann auch Sojasoße verwendet werden.

*Dazu passt ein leckerer, trockener
Weißwein und etwas Brot.*

Sophias
Gurkensuppe
à la Mama

4 PORTIONEN

Zwiebel, Knoblauchzehen, Gurken und Kartoffeln schälen und alles grob hacken.

Den Boden eines Suppentopfs mit einer dünnen Schicht Öl bedecken und zunächst Zwiebel und Knoblauch bei mittlerer Hitze anschwitzen. Nun die Gurkenstücke und die Kartoffeln hinzufügen und ebenfalls kurz anschwitzen. Mit Gemüsebrühe auffüllen und mit geschlossenem Deckel ca. 20 Minuten köcheln lassen.

Anschließend den Topfinhalt pürieren und die Sahne einrühren.

Mit Zucker, Salz und Pfeffer abschmecken und mit frischer Petersilie oder Dill und roten Pfefferbeeren (leicht zerdrückt oder gemahlen) servieren.

ZUTATEN

1 Zwiebel

2 Knoblauchzehen

2 Salatgurken

2 Kartoffeln (mehligkochend)

Öl zum Anbraten

600 ml Gemüsebrühe

100 g Schlagsahne

1 Prise Zucker

Salz und Pfeffer

frische Petersilie oder Dill

rote Pfefferbeeren

Sophia (@sophiagaleria auf Instagram) ist super geschickt, wenn es um einzigartige DIYs und köstliche Gerichte geht. Die Kölnerin inspiriert ihre Community mit schwarz-weißem Interior-Kontrastprogramm und ihrer Herzlichkeit.

Birnen-Obazda

1 PORTION

Selbst bei waschechten Bayern und Bayerinnen ist diese Obazda-Variante sehr beliebt – trotz Traditionsbruch!

ZUTATEN

2 EL Walnusskerne

1 Birne

1 TL brauner Zucker

250 g Brie

200 g Limburger

100 g Frischkäse

Salz und Pfeffer

Die Walnusskerne grob hacken und in einer Pfanne ohne Fett goldbraun rösten. Anschließend herausnehmen und abkühlen lassen.

Die Birne schälen, das Gehäuse entfernen und in kleine Würfel schneiden. Die Birnenwürfel in die ehemalige Walnuss-Pfanne geben, mit Zucker bestreuen und unter Rühren 5 Minuten hellbraun karamellisieren. Herausnehmen und abkühlen lassen.

Brie und Limburger mit zwei Gabeln in kleine Stücke zupfen – mit einer Gabel den Käse festhalten und mit der zweiten die Stückchen abzupfen – und mit dem Frischkäse in einer Schüssel vermischen.

Die abgekühlten Nüsse und Birnen einrühren und mit Salz und Pfeffer würzen.

Evas grüner
Mozzarella-Mango-Salat

4 PORTIONEN

Zunächst wird das Basilikum-Pesto zubereitet: Dafür die Pinienkerne ohne Öl in einer beschichteten Pfanne anrösten und abkühlen lassen. Anschließend werden die Pinienkerne und die geschälten Knoblauchzehen in einem Mörser zerstoßen. Die gewaschenen Basilikumblätter kommen nun ebenfalls in den Mörser und alles zusammen wird so lange zerstoßen, bis eine sämige Konsistenz entsteht. Zur Masse kommt nun der geriebene Parmesan und das Olivenöl. Abschließend mit Salz, Pfeffer und Zitronensaft abschmecken.

Die Mango schälen, vom Kern befreien und in mundgerechte Stücke schneiden. Die Mozzarellakugeln abgießen und mit den Mangostückchen und so viel Basilikum-Pesto wie gewünscht vermengen.

Das restliche Pesto lässt sich luftdicht verschlossen noch ein paar Tage im Kühlschrank aufbewahren.

ZUTATEN

25 g Pinienkerne

2 Knoblauchzehen

3 Bund Basilikum

80 g Parmesan

125 ml Olivenöl

Salz und Pfeffer

etwas Zitronensaft

1 Mango (reif)

2 Pkg Mini-Mozzarellakugeln

Man kann das Pesto natürlich auch in einem Mixer oder einer Küchenmaschine herstellen, allerdings sollten noch kleine Stücke zu erkennen sein. Als Beilage zu Fleisch, Fisch oder zum Grillen ist der Salat ein frischer Kick!

Heikes & Thomas'
Burrata & Nektarinen

2 PORTIONEN

Die Blätter vom Radicchio zupfen, waschen und auf zwei Tellern verteilen. Burrata zerpflücken und auf dem Radicchio arrangieren.

Nun werden die Nektarinen entkernt und in dünne Spalten geschnitten. Die Schalotten schälen und in dünne Scheiben schneiden. Beides über der Burrata verteilen.

Wer es scharf mag, nutzt nun beide Chilischoten: Diese entkernen und klein hacken. Für das Dressing Agaven Balsamico, Olivenöl, Kokosblütenzucker und Chilis mischen und über den angerichteten Salat träufeln. Mit Meersalz und Pfeffer bestreuen.

Die Schale der Limette abreiben und den Abrieb ebenfalls über den Salat streuen. Abschließend mit Basilikumblättern garnieren.

ZUTATEN

1 kleiner Radicchio

250 g Burrata

2 Nektarinen

3 Schalotten

2 kleine Chilischoten (optional)

75 ml Agaven Balsamico

2 EL Olivenöl

1,5 EL Kokosblütenzucker

Meersalz und Pfeffer

1 Limette (unbehandelt, Abrieb)

1 Handvoll Basilikumblätter

Für eine kleinere Vorspeise wird der Salat einfach auf vier statt zwei Tellern angerichtet. Man kann den Radicchio sowie die Nektarinen und Schalotten auch kurz in der Pfanne anschwitzen und erhält so ein köstlich lauwarmes Gericht.

Marions

„Dolce Vita"- Nudelsalat

6 PORTIONEN

Die Nudeln nach Packungsanleitung kochen, anschließend abgießen und in eine große Schüssel geben.

Die getrockneten Tomaten abspülen und in Streifen schneiden. Die Frühlingszwiebeln und die Basilikumblätter waschen und in Streifen schneiden – gerne ein paar Basilikumblätter zum Anrichten zurückhalten.

Die Pinienkerne in einer Pfanne ohne Öl goldbraun anrösten und beiseite stellen.

Für das Dressing nun Balsamicoessig, Olivenöl, Salz, Pfeffer und Zucker in einem Schüsselchen miteinander vermischen.

Das Gemüse, die Kräuter, die Kerne und das Dressing wandern nun zu den Nudeln in die Schüssel.

Als Garnitur noch ein paar Basilikumblätter hinzufügen und kalt oder warm genießen.

ZUTATEN

500 g Nudeln
(Farfalle oder Penne)

200 g getrocknete Tomaten
(eingelegt)

1 Bund Frühlingszwiebeln

1 Bund Basilikum

70 g Pinienkerne

ca. 90 ml weißer Balsamico

ca. 70 ml Olivenöl

Salz und Pfeffer

eine Prise Zucker

Pochiertes Ei auf Guacamole-Brot

2 PORTIONEN

Für die Guacamole die reifen Avocados aufschneiden, entkernen und in kleine Stücke schneiden. In eine Schüssel geben, mit Limettensaft übergießen und mit einer Gabel zerdrücken. Salzen und pfeffern und beiseite stellen.

In einer Pfanne die Butter auslassen und bei mittlerer bis starker Hitze die Brotscheiben von beiden Seiten anrösten. Anschließend je eine Scheibe Brot auf einen Teller legen.

Die Guacamole auf den angebratenen Brotscheiben verteilen und mit einem Löffel mittig eine kleine Mulde für das pochierte Ei eindrücken.

Die Chilischote hacken, die Frühlingszwiebeln in feine Ringe schneiden und mit Olivenöl vermengen.

Um die Eier zu pochieren, Wasser mit einem Schuss Essig in einem kleinen Topf zum Kochen bringen, dann auf geringe bis mittlere Hitze reduzieren. Die rohen Eier aus der Schale in je eine kleine Tasse geben. Mit einem Schneebesen das Wasser im Topf in einen Strudel verwandeln.
Die Eier werden nun einzeln pochiert: Das Ei aus der Tasse zügig in die Mitte des Strudels gießen. Je nach Größe 2 bis 3 Minuten kochen und anschließend mit einem Schaumlöffel entnehmen. Für die zweite Portion den Strudel erneut mit dem Schneebesen antreiben.

Die pochierten Eier nun in die vorbereiteten Mulden auf das Brot geben und alles mit dem Chili-Zwiebel-Öl garnieren.

ZUTATEN

2 Avocados

1 Limette (Saft)

Salz und Pfeffer

1 EL Butter

2 Scheiben Sauerteigbrot

1 rote Chilischote

½ Bund Frühlingszwiebeln

2 EL Olivenöl

1 Schuss weißer Essig

2 Eier

Dieser Salat lässt sich je nach Vorliebe auch mit Mozzarella statt Feta oder Apfel statt Nektarine zubereiten. Schmeckt so oder so köstlich leicht!

Valeska (@mother_of_six_dragons auf Instagram) teilt die wunderschönen Momente des Lebens und spricht auch über den Trubel, der hinter den Aufnahmen steckt. Mit ihren Mama-Superkräften und Reise-Einblicken ist sie eine riesige Inspiration für ihre Community.

Valeskas
Wildkräutersalat
mit Süßkartoffel-Hobeln

3-4 PORTIONEN

Zunächst den Backofen auf 220 Grad Ober- und Unterhitze vorheizen.

Nun die Süßkartoffel schälen und auf ein mit Backpapier ausgelegtes Blech hobeln. Mit Olivenöl beträufeln, sodass alle Hobel ummantelt sind. Den Rosmarin zu den Hobeln geben und für ca. 10 Minuten backen.

Währenddessen den Salat waschen und in mundgerechte Stücke rupfen.

Tomaten, Feta und geschälte Zwiebel würfeln und mit dem abgetropften Thunfisch in einer Schüssel mit dem Wildkräutersalat vermengen.

Die gewaschene Nektarine entkernen, in schmale Spalten schneiden und kurz beiseite legen.
In einer Pfanne werden nun die Kerne in Olivenöl bei mittlerer Temperatur geschwenkt. Die Nektarinen-Spalten kommen ebenfalls in die Pfanne und werden für wenige Minuten erwärmt. Den Honig über Kerne und Obst geben, mit dem Balsamico ablöschen, ein paar Minuten ziehen lassen und dann von der Hitze nehmen.

Alle Dressing-Zutaten miteinander vermischen.

Zum Anrichten jeweils etwas Salat, Süßkartoffel-Hobel und Nektarinen-Spalten auf einen Teller geben und dann mit dem Dressing übergießen.

ZUTATEN

1 Süßkartoffel

Olivenöl

1 Zweig Rosmarin

Salz und Pfeffer

250 g Wildkräutersalat

1 Handvoll Cherrytomaten

1 Pkg Feta

1 Zwiebel

1 Dose Thunfisch

1 Nektarine

1 Handvoll Kerne nach Wahl (Sonnenblumenkerne, Kürbiskerne, Leinsamen)

1 TL Honig

1 Schuss Balsamico

Für das Dressing

3 EL Olivenöl

2 EL Balsamico

1 TL rote Marmelade

Salz und Pfeffer

Loris lauwarmer
Bandnudel-Salat
mit Rohkost

6 PORTIONEN

Als Erstes wird das Dressing zubereitet. Dazu alle Zutaten in ein Glas mit Schraubverschluss füllen und kräftig schütteln. Wer es süßer, würziger oder saurer mag, kann nach Geschmack nach-justieren.

Nun werden Zucchini, Fenchelknolle samt Fenchelgrün und Paprika gewaschen, gegebenenfalls entkernt und fein gewürfelt. Auch die Zwiebeln werden geschält und in kleine Würfel ge-schnitten. Das gesamte Gemüse wandert anschließend in eine große Schüssel.

In einer beschichteten Pfanne nun die Pinienkerne anrösten und mit dem Dressing über das Gemüse geben. Alles gut verrühren und im Kühlschrank für ein paar Stunden durchziehen lassen.

Vor dem Servieren werden die Bandnudeln nach Packungsanlei-tung al dente gekocht und nach dem Abschütten direkt mit dem Gemüse angerichtet.

Etwas gehobelter Parmesan drüber und fertig ist der lauwarme Salat!

ZUTATEN

Für das Dressing

150 ml Olivenöl

1 Zitrone (Saft)

1 ½ EL Senf (mittelscharf)

2 EL weißer Balsamico

2 EL Honig

½ TL schwarzer Pfeffer

½ TL Meersalz-Flocken

1 grüne Zucchini

1 gelbe Zucchini

1 Fenchel

1 rote Paprika

1 gelbe Paprika

2 rote Zwiebeln

50 g Pinienkerne

500 g Eierbandnudeln

etwas Parmesan

Ich liebe die Maldon Sea Salt Flakes. Mit ihrem besonderen Geschmack verleihen sie jedem Gericht Würze und sehen in einem kleinen Schüsselchen zum Nachsalzen auf dem Tisch auch immer schön aus. Sogar das britische Königshaus lässt damit kochen – so steht es zumindest auf der Verpackung.

Lori (@lifelovewife auf Instagram) geht mit einem Strahlen in den Augen und einem Lied auf den Lippen durchs Leben. Die Wahl-Münchnerin teilt ihr fröhlich lebhaftes Familienleben, Glücksmomente und ihre Liebe für Leckereien mit ihrer Community.

Mamas Kartoffelsalat

6 PORTIONEN

Die Kartoffeln am besten einen Tag vor der Zubereitung des Salates vorbereiten. Dazu einen großen Topf mit Salzwasser aufstellen und die Kartoffeln mit Schale für 20 bis 30 Minuten kochen. Anschließend noch warm pellen und über Nacht in den Kühlschrank stellen.

Alle Zutaten bis auf den Essig für die Mayonnaise in einen schmalen, hohen Mixbecher geben. Einen Pürierstab ganz am Boden ansetzen und erst dann einschalten – das ist wichtig, da sonst das Aufschlagen der Mayonnaise nicht gelingt und sie zu flüssig bleibt. Den Pürierstab ca. 20 Sekunden am Becherboden halten und dann erst langsam hochziehen. Noch ein paar Mal hoch und runter mixen. Essig hinzugeben und so lange verquirlen, bis die Mayonnaise dickflüssig und somit fertig ist.

Die vorgekochten Kartoffeln in Scheiben schneiden, die Gürkchen und Zwiebel fein würfeln und alles mit der Mayonnaise vorsichtig vermengen. Mit Salz und Pfeffer abschmecken.

Damit Soße und Kartoffeln schön durchziehen können, kommt der Kartoffelsalat für ein paar Stunden in den Kühlschrank. Vor dem Verzehr rechtzeitig aus dem Kühlschrank nehmen, da er am besten schmeckt, wenn er nicht zu kalt ist.

Wem der Salat mit Mayonnaise zu schwer ist, der kann den Kartoffelsalat auch mit der Hälfte der Mayonnaise und der gleichen Menge Naturjoghurt zubereiten.

ZUTATEN

Für die Mayonnaise

2 Eier

400 ml Sonnenblumenöl

½ TL Salz

½ TL Zucker

½ TL Pfeffer

1 gehäufter EL Senf (scharf)

3 EL Weißwein-Essig

1,2 kg Kartoffeln (festkochend)

6 Gewürzgurken

1 kleine Zwiebel

Salz und Pfeffer

Nicoles
Auberginen-Caponata

2 PORTIONEN

Zunächst die Auberginen in kleine Würfel schneiden. Anschließend in einer beschichteten Pfanne etwas Öl erhitzen und die Auberginenwürfel bei mittlerer Hitze für einige Minuten anbraten. Den Herd auf niedrige Hitze runter regulieren, das Salz und die Hälfte des Oregano hinzugeben und zugedeckt ca. 15 Minuten köcheln lassen. Nachdem die Auberginen schön weich geworden sind, den Deckel von der Pfanne entfernen, die überschüssige Flüssigkeit verdampfen lassen und den Herd ausstellen.

Nun die gewaschenen Tomaten vierteln und die Zwiebeln in Würfel schneiden. In einer neuen Pfanne einige Esslöffel Öl erhitzen und die gewürfelten Zwiebeln gemeinsam mit den Kapern anrösten. Sobald die Zwiebelwürfel glasig und weich sind, die Tomaten und den Rest des Oregano dazugeben und zusammen für ca. 15 Minuten köcheln lassen. Anschließend Essig und Zucker hinzufügen und für weitere 5 Minuten köcheln lassen, um die Flüssigkeit zu reduzieren.

Die Auberginen zu den Tomaten geben, gut vermengen und für 10 Minuten köcheln lassen.

Die Auberginen-Caponata vom Herd nehmen, mit Salz und Pfeffer abschmecken und für ein paar Stunden ruhen und durchziehen lassen.

Vor dem Servieren die grob gehackten Mandeln ohne Öl in einer beschichteten Pfanne anrösten und als leckere Garnitur über die Caponata geben.

ZUTATEN

2 Auberginen

Olivenöl zum Braten

1 Prise Salz

2 EL getrockneter Oregano

20 – 30 Datteltomaten

2 kleine Zwiebeln

2 EL Kapern

80 ml Rotweinessig

2 TL Rohrzucker

Salz und Pfeffer

2 Handvoll Mandeln (gehackt)

Nicole (@nicolemohrmann auf Instagram) liebt die italienische Küche, herzliche Menschen und spaziert am liebsten in vierbeiniger Begleitung durchs Grüne. Die Fashion-Expertin inspiriert mit stylischen Outfits und verrät ihrer Community, was die Modewelt Neues für uns bereithält!

Den Klassiker aus der sizilianischen Küche entweder kalt als Vorspeise mit einer Scheibe Büffelmozzarella und Brot genießen oder lauwarm als Beilage servieren.

*Herbstlich klassisch passt zu dieser Kürbis-Quiche
ein leckerer Feldsalat und ein Glas Weißwein.*

*Aneta (@anetas_leben auf Instagram) inspiriert
ihre Community mit schicken Deko-DIYs und
großartigen Bau-Projekten, die sie mit handwerk-
lichem Können in ihrem Zuhause selbst umsetzt.
Lieblingsrezepte kommen bei ihr auch nicht zu kurz!*

Anetas
Kürbis-Quiche

1 QUICHE (FORM Ø 28 CM)

Den Backofen auf 200 Grad Umluft vorheizen.

Für den Teig alle Zutaten verrühren, bis eine krümelige Konsistenz entsteht.

Die Quicheform einfetten, den Teig in der Form verteilen und andrücken. Dabei einen 2 bis 3 Zentimeter hohen Rand bilden. Die Form für ein paar Minuten im Kühlschrank kalt stellen.

Für die Füllung den Hokkaido-Kürbis entkernen und die Schale gründlich abwaschen. Ein paar dünne Kürbisspalten abschneiden und für später beiseite legen. Den restlichen Kürbis samt Schale in kleine Würfel schneiden und in eine große Schüssel geben. Die Frühlingszwiebeln in Ringe schneiden und eine kleine Handvoll fürs Garnieren aufheben. Der Großteil der Frühlingszwiebeln wandert mit der Speisestärke, den Eiern, dem Feta und der Crème fraîche zum rohen Kürbis. Nach Belieben mit Salz und Pfeffer würzen. Alles mit einer Küchenmaschine oder einem leistungsstarken Standmixer zerkleinern und in die Quicheform geben.

Als Topping die Tomaten halbieren und die rote Zwiebel in Halbringe schneiden. Dann die Quiche mit Kürbisspalten, Tomaten und Zwiebeln dekorieren.

Für 35 bis 40 Minuten backen.

Abschließend wird die Quiche mit frischen Kräutern und den restlichen Frühlingszwiebeln garniert und warm serviert.

ZUTATEN

Für den Teig

200 g Mehl (Dinkel oder Weizen)

90 g Butter (kalt, in Stücken)

30 ml Wasser (kalt)

½ TL Salz

Fett für die Form

Für die Füllung

450 g Hokkaido-Kürbis

2 Frühlingszwiebeln

30 g Speisestärke

3 Eier

250 g Feta

Salz und Pfeffer

1 Becher Crème fraîche mit Kräutern

Für das Topping

1 Handvoll Kirschtomaten

½ rote Zwiebel

Frische Kräuter nach Belieben

Carbonara à la Björn

4 PORTIONEN

Reichlich gesalzenes Nudelwasser aufstellen, die Spaghetti al dente kochen und anschließend abgießen.

Parallel dazu die Zwiebel klein hacken und gemeinsam mit den Speckwürfeln in einer Pfanne bei mittlerer Hitze auslassen, bis der Speck schön angeröstet ist und die Zwiebeln glasig sind.

Den Parmesan grob reiben und zusammen mit den Eiern und der Sahne verquirlen.

Den abgekühlten Speck mit den Zwiebeln zum Eier-Sahne-Mix geben. Wichtig: Speck und Zwiebeln dürfen nicht heiß sein, da die Eier sonst stocken!

Die Nudeln zur Soße in die Pfanne geben, alles durchmengen und mit Salz, Pfeffer und Muskatnuss abschmecken.

Wer Käse liebt, fügt noch etwas fein geriebenen Parmesan beim Anrichten hinzu.

ZUTATEN

500 g Spaghetti

1 kleine Zwiebel

150 g Speckwürfel

150 g Parmesan

4 Eier

150 g Sahne zum Kochen

Salz und Pfeffer

Muskatnuss

Natürlich ist dies kein klassisches Carbonara-Rezept, denn in das Original gehört weder Sahne noch Muskatnuss oder Zwiebeln. Aber dieses Rezept ist ein „echter Björn" und wir lieben es genau so!

Man kann das Rezept auch noch weiter individualisieren, indem man in das kochende Nudelwasser zum Schluss eine Handvoll Tiefkühlerbsen und Minze gibt und diese anschließend mit den Nudeln und der Soße vermengt – die Kombination Erbsen und Minze ist einfach klasse.

Teriyaki-Lachs

4 PORTIONEN

Für die Teriyaki-Soße werden zunächst der geschälte Ingwer und die Knoblauchzehe in einen kleinen Topf gerieben und mit Sojasoße, Mirin und Reisessig verrührt. Zusammen mit Zucker und dem Abrieb und Saft einer Limette wird alles bei schwacher Hitze eingekocht, bis eine dickflüssige Konsistenz erreicht ist. Je länger die Soße kocht, desto intensiver und dickflüssiger wird sie.

Nach dem Abkühlen werden die Lachsfilets in der Teriyaki-Soße für einige Stunden mariniert. Für einen besonders intensiven Geschmack, am besten über Nacht im Kühlschrank ziehen lassen. Anschließend wird der Lachs in der Pfanne bis zum gewünschten Gargrad bei mittlerer Hitze gebraten.

Mit Gemüse und Reis oder Mie-Nudeln servieren.

ZUTATEN

1 Stück Ingwer (daumengroß)

1 Knoblauchzehe

150 ml Sojasoße

150 ml Mirin

4 EL Reisessig

50 g brauner Zucker

1 Limette
(unbehandelt, Abrieb und Saft)

4 Lachsfilets (à ca. 200 g)

Die Teriyaki-Soße lässt sich hervorragend auf Basis der Grundzutaten (Sojasoße, Mirin, Essig und Zucker) variieren, wie in unserem Fall mit Ingwer, Knoblauch und Limette. Auch Sesamsamen und/oder -öl oder auch etwas Chili passen ganz fantastisch in die Soße.

Neben Lachs ist die Teriyaki-Soße auch ein toller Begleiter für Geflügel und alle Arten von Gemüse und passt hervorragend zu einem Barbecue oder Fondue.

Zitronen-Parmesan-Spaghetti
mit Spargel

4 PORTIONEN

In einem Topf mit reichlich gesalzenem Wasser die Nudeln al dente garen.

Parallel wird die Soße zubereitet: Dafür den geschälten Knoblauch pressen, in einer großen Pfanne mit etwas Olivenöl anbraten und mit der Brühe ablöschen.
Die Zitrone waschen, die Schale abreiben und den Abrieb beiseite stellen. Anschließend den Saft der Zitrone in die Pfanne pressen und alles etwas einkochen lassen. Mit Salz und Pfeffer abschmecken und auf dem Herd warm halten, aber nicht mehr kochen.

Den Parmesan reiben und mit Eigelb und Zitronenabrieb verquirlen. Kurz zur Seite stellen.

Den Spargel putzen und schräg in mundgerechte Stücke schneiden. Etwas Olivenöl in einer weiteren Pfanne langsam erhitzen, den Spargel anbraten, salzen, pfeffern und mit Estragon verfeinern. Er sollte noch einen schönen Biss haben.

Die abgegossenen Spaghetti in die Soße geben und mit der Parmesan-Eigelb-Mischung vermengen. Nachdem alle Zutaten vermischt sind, darf der Inhalt der Pfanne keiner Hitze mehr ausgesetzt werden, da ansonsten das Eigelb stockt.

Nun die Spargelstücke unterheben und servieren.

ZUTATEN

500 g Spaghetti

1 Knoblauchzehe

Olivenöl zum Anbraten

250 ml Gemüsebrühe

1 Zitrone
(unbehandelt, Abrieb und Saft)

Salz und Pfeffer

100 g Parmesan

2 Eigelb

500 g grüner oder weißer Spargel

Estragon (getrocknet oder frisch)

Fenchel-Curry

Den Reis nach Anleitung kochen.

Das Gemüse vorbereiten:
Die Fenchelknollen waschen und halbieren. Den Strunk entfernen und den Fenchel in schmale Streifen schneiden.
Die Karotten schälen und schräg in dünne Scheiben schneiden.
Das Kerngehäuse der Paprikaschote entfernen und sie anschließend in dünne Streifen schneiden.
Die Schalotten schälen und fein würfeln, den Knoblauch reiben oder pressen. Die Chilischote entkernen, hacken und den Ingwer schälen und reiben.

Limettenabrieb in einem kleinen Schälchen sammeln und beiseite stellen.

In einem großen Topf das Öl erhitzen und die Currypaste kurz anrösten. Nun zunächst Schalotten, Knoblauch, Chili und Ingwer hinzugeben und gemeinsam bei mittlerer Hitze anschwitzen.

Das vorbereitete Gemüse in den Topf geben, mit Salz und Pfeffer würzen und für ca. 2 Minuten anbraten. Abgelöscht wird anschließend mit der Gemüsebrühe, bevor der Limettensaft und die Kokosmilch ebenfalls in den Topf kommen. Bei mittlerer Hitze ca. 5 Minuten köcheln lassen.

Vor dem Servieren noch abschmecken und mit Reis und dem Limettenabrieb verfeinern.

ZUTATEN

240 g Jasminreis

2 mittelgroße Fenchelknollen

2 – 3 Karotten

1 gelbe oder rote Paprikaschote

2 Schalotten

1 Knoblauchzehe

1 rote Chilischote

1 Stück Ingwer (daumengroß)

1 Limette
(unbehandelt, Abrieb und Saft)

1 EL Speiseöl

2 – 3 TL gelbe Currypaste

Salz und Pfeffer

200 ml Gemüsebrühe

200 ml Kokosmilch

Evas
Radicchio-Risotto
mit Knusperspeck

4 PORTIONEN

Zunächst den Parmesankäse fein reiben und beiseite stellen.

In einem großen Topf die Butter mit etwas Olivenöl erhitzen. Eine geschälte Schalotte und den Knollensellerie fein würfeln, in den Topf geben und für ein paar Minuten anschwitzen.

Den Reis hinzugeben und alles kurz mit anschwitzen, bis die Körner glasig sind. Dann mit Rotwein ablöschen (einen kleinen Schuss für später zurückhalten) und einkochen lassen. Das Wasser und das Brühepulver hinzufügen, durchrühren und auf mittlerer Hitze mit geschlossenem Deckel 20 bis 25 Minuten köcheln lassen. Zwischendurch umrühren, damit der Reis nicht anbrennt und nach und nach den Großteil des Parmesans unterrühren.

Währenddessen den Radicchio zerpflücken, in Streifen schneiden und ca. 10 Minuten in warmes Wasser legen – das reduziert die Bitterstoffe.
Nun etwas Olivenöl in einer Pfanne erhitzen, die zweite Schalotte fein würfeln und kurz anschwitzen. Den Radicchio dazugeben und mit einem kleinen Schuss Rotwein ablöschen. Mit Salz und Pfeffer abschmecken.

Das fertige Risotto zu dem Radicchio in die Pfanne geben, Butter dazugeben und zugedeckt 5 Minuten ruhen lassen. Währenddessen den Speck in einer weiteren Pfanne knusprig anbraten.

Risotto auf vier Tellern anrichten, je zwei Scheiben Speck darauf legen und mit dem restlichen Parmesan bestreuen.

ZUTATEN

80 g Parmesan

40 g Butter

Olivenöl zum Anbraten

2 Schalotten

1 Stück Knollensellerie
(daumendick)

320 g Risottoreis (Arborio)

60 ml Rotwein

720 ml Wasser

1 TL Gemüsebrühe (Pulver)

1 Radicchio

Salz und Pfeffer

1 EL Butter

8 Scheiben Speck

Orangen-Limetten-Pasta mit Gambas

4 PORTIONEN

Als Erstes einen großen Topf mit reichlich Salzwasser aufstellen und Spaghetti nach Anleitung al dente kochen. Beim Abgießen ca. 50 Milliliter des Kochwassers auffangen.

Die Schale der Orange abreiben und den Abrieb kurz beiseite stellen. Die Orange dann über einem kleinen Topf filetieren und die Orangenfilets zum Abrieb legen. Während des Filetierens den tropfenden Saft im Topf auffangen und anschließend die restliche Frucht dazupressen.

Die Limette abreiben und den Abrieb zum Orangenabrieb geben. Den Saft der Limette zum Orangensaft in den Topf pressen.

Die geschälten Knoblauchzehen fein hacken, zum Orangen-Limettensaft-Mix geben und mit Zucker um die Hälfte einkochen. Sahne hinzufügen, mit Salz abschmecken und weitere 5 Minuten köcheln lassen.

Riesengarnelen kurz und scharf in Olivenöl anbraten. Die Pinienkerne kurz mitrösten, bis sie leicht goldbraun sind.

Den Basilikum waschen, Blätter abzupfen und in Streifen schneiden.

Spaghetti mit Orangenfilets, der Soße und dem Nudelwasser mischen. Limetten- und Orangenabrieb mit dem Basilikum unterheben.

Die Pasta mit je drei Riesengarnelen anrichten und mit Chiliflocken bestreuen.

ZUTATEN

500 g Spaghetti

1 Orange (unbehandelt, Abrieb und Saft)

2 Limetten (unbehandelt, Abrieb und Saft)

2 Knoblauchzehen

1 EL Zucker

200 g Sahne zum Kochen

Salz

12 Riesengarnelen (küchenfertig mit Schale)

3 EL Olivenöl

30 g Pinienkerne

1 Bund Basilikum

1–2 TL getrocknete Chiliflocken

Katerinas kurz gebratener
Thunfisch mit Pomelo & Wasabi

4 – 5 PORTIONEN

*Alternativ kann man den Thunfisch auch in kleine Stücke schneiden und
direkt roh als Sashimi mit dem Limetten-Ingwer-Dressing marinieren.
Als Topping eignet sich außerdem frische Kresse.*

Für das Limetten-Ingwer-Dressing den geschälten Ingwer zunächst halb reiben, halb fein hacken. Beides zusammen mit dem Limettensaft, dem Reissirup und Salz in einem Topf kurz aufkochen lassen und anschließend kalt stellen.

Für die Wasabi-Rahmsoße alle Zutaten mit dem Pürierstab schaumig mixen.

Die halbe Pomelo filetieren. Dabei wird das Fruchtfleisch vorsichtig mit einem scharfen Messerchen aus der Pelle geschnitten. In einer Schüssel den Salat und die Pomelo-Filets mit dem Limetten-Ingwer-Dressing marinieren.

Frühlingszwiebeln und Minze waschen, beides in feine Streifen schneiden und kurz zur Seite stellen.

Nun den Thunfisch portionieren und kurz (nur einige Sekunden!) scharf in Sesamöl von allen Seiten anbraten, sodass er innen noch rot ist. Aus der Pfanne nehmen und direkt in schwarzem Sesam wälzen.

Den angemachten Salat auf die Teller portionieren, den Thunfisch darauf drapieren, mit den Frühlingszwiebeln und der Minze bestreuen und alles mit Wasabi-Rahmsoße übergießen.

ZUTATEN

Limetten-Ingwer-Dressing

100 g Ingwer

4 EL Limettensaft

3 EL Reissirup

1 TL Salz

Wasabi-Rahmsoße

100 ml Sauerrahm

1 EL Wasabi-Paste

1 EL Verjus (Alternativ: Weißwein)

1 TL Reissirup

1 Prise Salz

½ Pomelo (unbehandelt, Alternativ: Grapefruit)

200 g bunte Salatmischung

3 Frühlingszwiebeln

1 Bund Minze

400 g Thunfisch (Sashimi-Qualität)

Sesamöl zum Braten

4 – 6 EL schwarzer Sesam

Katerina (@not.only.k auf Instagram) liebt Design, ihren Garten, ihre Familie und gutes Essen. Mit Blumen und tollen Gerichten bringt sie Farbe ins Familienleben und ihren klaren, inspirierenden Feed voller besonderer Licht- und Schattenspiele.

Poulet à la Björn

4 PORTIONEN

Den Ofen auf 190 Grad Umluft vorheizen und eine große Auflaufform, die ausreichend Platz für das Huhn und die Kartoffeln
bietet, bereitstellen.

Zunächst die Kartoffeln samt Schale waschen und mit der ganzen
Zitrone für ca. 10 Minuten vorkochen und anschließend abgießen.

Während die Kartoffeln kochen, einige Butterflocken für das Huhn
vorbereiten: Mit einem Löffel mehrmals zart über die Butter
kratzen. Dadurch entstehen feine Butterflocken, die sich entlang
der Innenseite aufrollen. Kurz zur Seite stellen.

Drei Knoblauchzehen schälen und in feine Scheiben schneiden.
Ebenfalls für den nächsten Schritt beiseite stellen.

Nun wird das Huhn von innen und außen mit kaltem Wasser
abgewaschen.
Anschließend die Haut vorsichtig mit den Fingern von der Brust
und vom Rücken des Huhnes lösen, sodass kleine Taschen
entstehen. In diese Taschen werden jetzt die Butterflocken und
einige dünn geschnittene Scheiben Knoblauch geschoben.
Das Huhn von innen und außen mit Olivenöl einreiben und
großzügig salzen und pfeffern.

Thymian und Rosmarin waschen und die Blätter vom Stiel
abzupfen. Die gekochte Zitrone vorsichtig mit einer Messerspitze
mehrmals anstechen und zusammen mit den Kräutern und
einigen geschälten Knoblauchzehen in das Huhn füllen. Nach
dem Füllen mit einem Zahnstocher oder einer Rouladennadel
verschließen und die Schenkel mit einem scharfen Messer
einritzen.

Das Huhn jetzt in die Auflaufform geben und für ca. 45 Minuten
im Ofen garen.
Nach Ablauf der Zeit die Kartoffeln sowie die restlichen geschälten Knoblauchzehen ebenfalls in die Auflaufform geben. Das
Huhn mit den Speckscheiben belegen und zusammen weitere
45 Minuten im Ofen garen.

Vor dem Servieren den gerösteten Speck über die Kartoffeln
bröseln und die gegarten Knoblauchzehen zerdrücken. Das Huhn
zerteilen und jeweils portionsweise mit den Kartoffeln servieren.

ZUTATEN

800 g junge Kartoffeln

1 Zitrone
(unbehandelt, Abrieb und Saft)

Butter

1 Knolle Knoblauch

1 Huhn
(ca. 2 kg, küchenfertig vorbereitet)

6 EL Olivenöl

Salz und Pfeffer

1 Handvoll frischer Thymian

1 Handvoll frischer Rosmarin

8 Scheiben Speck

Innas
Ukrainische Wareniki

CA. 20 STÜCK

Für den Teig das heiße Wasser mit Salz und Butter verrühren. Nun das Mehl (anhand der Konsistenz prüfen, ob das gesamte Mehl gebraucht wird) und Ei hinzugeben und alles zügig für ca. 5 Minuten verrühren, um einen elastischen Teig zu erhalten. Den Teig anschließend für ca. 30 Minuten mit einem Geschirrtuch zugedeckt ruhen lassen.

Für die Füllung die geschälten Kartoffeln in ausreichend Salzwasser kochen. Sobald die Kartoffeln gar sind, das Wasser abschütten, die Butter hinzufügen und zu einem Kartoffelpüree verarbeiten.

Nach dem Ruhen wird der Teig nun auf einer bemehlten Fläche ca. 3 Millimeter dünn ausgerollt. Mit einem Glas (Ø 7–9 cm) Kreise ausstechen und je 1 Teelöffel der Füllung mittig auf jeden Kreis geben. Die Teig-Kreise über die Mitte falten und mit Zeigefinger und Daumen schließen.
Die Teigtaschen in reichlich Salzwasser kochen. Sobald sie an der Oberfläche schwimmen, für ca. 3 weitere Minuten ziehen lassen und anschließend aus dem Wasser nehmen.

Für das Topping die Zwiebeln fein würfeln und gemeinsam mit dem gewürfelten Speck in einer Pfanne auslassen.

Wareniki mit dem Topping garnieren und genießen.

ZUTATEN

Für den Teig

100 ml Wasser (heiß)

½ TL Salz

30 g Butter

280 – 320 g Mehl

1 Ei

Für die Füllung

500 g Kartoffeln (mehligkochend)

Salz

50 g Butter

Für das Topping

180 g Zwiebeln

100 g Speck

Die ukrainischen Teigtaschen können ganz unterschiedlich salzig oder süß gefüllt werden. Sie schmecken zum Beispiel mit Käse-Fleischfüllung und Schmand als Dip oder sind mit Kirschen oder Marmelade gefüllt, ein leckeres Dessert. Die Teigtaschen lassen sich sehr gut in großen Mengen vorbereiten und einfrieren. So hat man immer etwas Leckeres auf Vorrat!

Honig-Knoblauch-Lachs

6 PORTIONEN

Den Backofen auf 190 Grad Ober- und Unterhitze vorheizen.

Die Butter und den Honig in einem kleinen Topf bei mittlerer Hitze kurz aufkochen lassen.
Den Knoblauch währenddessen schälen und hacken. Den Abrieb einer halben Zitrone mit Knoblauch und dem Saft der halben Zitrone in den Topf geben. Alles für ca. 5 Minuten köcheln.

In der Zwischenzeit den Lachs waschen und am Stück mit der Hautseite nach unten in eine Auflaufform geben. Nun den Fisch salzen und pfeffern und schließlich mit der Butter-Honig-Mischung übergießen. Bevor der Lachs in den Ofen kommt, mit Alufolie abdecken.
Die Backzeit beträgt je nach Dicke des Lachsfilets zwischen 15 und 25 Minuten.
Die Alufolie für die letzten Minuten vom Fisch nehmen und gegebenenfalls die Grillfunktion des Ofens einstellen, damit die Soße auf der Oberfläche karamellisiert.

Vor dem Servieren mit gezupfter Petersilie bestreuen.

ZUTATEN

120 g Butter

80 g Honig

4 Knoblauchzehen

½ Zitrone (unbehandelt, Abrieb und Saft)

1,2 kg Lachsfilet mit Haut

Meersalz und Pfeffer

Petersilie

Die Soße kann man auch toll variieren, indem man beispielsweise geriebenen Ingwer oder Sojasoße dazu gibt.

Sabrinas
Grüne Bandnudel-Lasagne

6 PORTIONEN

Den Backofen auf 180 Grad Umluft vorheizen.

Zunächst einen großen Topf mit reichlich Salzwasser zum Kochen bringen und die Bandnudeln nach Anleitung al dente kochen und anschließend abschrecken.

Die Zwiebel schälen und fein hacken. Nun den Boden einer großen Pfanne mit Öl bedecken und erhitzen. Darin wird nun das Hackfleisch angebraten und kurze Zeit später kommen die Zwiebelwürfel ebenfalls in die Pfanne. Tomatenmark hinzufügen und alles mit Salz, Pfeffer und Senf würzen.
Die Hackfleischpfanne mit den passierten Tomaten ablöschen und anschließend alles bei schwacher Hitze für ein paar Minuten köcheln lassen.

Währenddessen wird in einem kleinen Topf die Mehlschwitze angerührt: Hierfür die Butter oder Margarine bei schwacher Hitze zerlassen und das Mehl mit dem Schneebesen einrühren bis eine glatte Masse entsteht. Die Milch langsam und unter ständigem Rühren hinzugeben, damit keine Klümpchen entstehen.
Der Mehlschwitze wird nun der Schmelzkäse unter Rühren beigefügt, bis er sich vollständig aufgelöst hat. Anschließend alles mit Muskatnuss, Pfeffer, Salz und einem Spritzer Zitronensaft abschmecken, einmal aufkochen lassen und vom Herd nehmen.

Eine große gefettete Auflaufform bereitstellen und den Boden mit einer dünnen Schicht Bandnudeln bedecken. Anschließend die Hackfleisch-Tomatensoße über die Nudeln geben und erneut mit einer Lage Bandnudeln bedecken. Mit etwas Mehlschwitze begießen, sodass die Nudeln vollständig bedeckt sind. Die Arbeitsschritte wiederholen, bis die Auflaufform gefüllt ist.

Die Lasagne mit geriebenem Gouda bestreuen und für 30 bis 40 Minuten backen. Um zu verhindern, dass der Käse zu dunkel wird, die Lasagne während des Backens mit Alufolie bedecken und erst kurz vor Ende ohne Folie bräunen lassen.

ZUTATEN

500 g grüne Bandnudeln

1 kleine Zwiebel

Pflanzenöl zum Anbraten

500 g Hackfleisch
(Schwein und Rind gemischt)

1 EL Tomatenmark

Salz und Pfeffer

1 EL Senf

500 g passierte Tomaten

50 g Margarine oder Butter

2 EL Mehl

700 ml Milch

200 g Schmelzkäse

1 Prise Muskatnuss

1 Spritzer Zitronensaft

Fett für die Form

200 g geriebener Gouda

Sabrinas (@so.leben.wir auf Instagram) Feed steckt voller Blumenliebe, Deko-Highlights, Mode, Lebensfreude und Inspiration. Die zweifache Mama zeigt ihrer Community ihre Lieblingsplätze – allen voran ihren Garten – und genießt das Leben in bunten Farben.

Cathi (@interior.tam.tam auf Instagram) liebt ihren Garten, leckeres Essen, das Reisen und das Nachhause-kommen in ihre wunderschönen vier Wände in Düssel-dorf. Ihr Feed schafft einen gemütlichen Wohlfühlort voller Natürlichkeit und harmonischer Kombination.

Cathis
Thunfisch-Tatar
auf Wasabi-Stampf und Papaya

6 PORTIONEN

Zunächst wird das Kartoffelpüree zubereitet und später lauwarm serviert. Dazu die Kartoffeln schälen und in Salzwasser garen. Anschließend zusammen mit Milch oder Sahne (oder einer Mischung) und Butter stampfen. Mit Salz und Wasabi-Paste kräftig abschmecken. Wer es nicht so scharf mag, nimmt weniger Wasabi.

Für das Tatar den Thunfisch mit einem sehr scharfen Messer fein würfeln und in eine Schüssel geben – dabei keine Metallschüssel verwenden, da diese Geschmack an den Fisch abgibt! Chili und Koriander (bis auf ein paar Blätter fürs Garnieren) fein hacken und zusammen mit Sesamöl, Sojasoße und Limettensaft über den Thunfisch geben und vorsichtig untermengen. Den Fisch kalt stellen.

Die Papaya halbieren, die Kerne entfernen und das Fruchtfleisch im Ganzen von der Schale lösen. Dieses in 2 bis 3 Millimeter dünne Scheiben schneiden und mit etwas Limettensaft beträufeln.

Jetzt wird angerichtet. Wer hat, verwendet einen Speisering. Ansonsten klappt es auch freihand: Die Papaya-Scheiben werden pro Portion auf einem flachen Teller kreisförmig etwa 2 Zentimeter hoch geschichtet, darauf kommt das Kartoffelpüree (wiederum 2 Zentimeter hoch) und zum Schluss das Tatar (auch etwa 2 Zentimeter in der Höhe). Nun den Ring entfernen und abschließend mit ein paar Korianderblättchen garnieren.

ZUTATEN

Für den Stampf

400 g Kartoffeln (vorwiegend festkochend)

100 ml Milch oder Sahne

1 EL Butter

Salz

2 TL Wasabi-Paste

Für das Tatar

300 g Thunfisch (Sashimi Qualität)

½ rote Chilischote

¼ Bund Koriander

2 EL geröstetes Sesamöl

2 TL helle Sojasoße

1 EL Limettensaft

1 Papaya (reif)

1 Schuss Limettensaft

Heikes & Thomas'
Heilbutt
mit Grapefruit & Oliven

4 PORTIONEN

Den Backofen auf 135 Grad Umluft vorheizen.

60 Milliliter des Öls in eine Auflaufform gießen, die ausreichend Platz für die Filets bietet. Den Heilbutt im Öl wenden, mit Salz und Pfeffer von beiden Seiten würzen und 15 bis 20 Minuten garen.

Während der Fisch im Ofen gart, die Grapefruit schälen, filetieren und den dabei entweichenden Saft in einer Schüssel auffangen – nach dem Filetieren die Überreste über der Schüssel auspressen. Die Chilischoten vom Kerngehäuse befreien und fein hacken, die Oliven gegebenenfalls entsteinen und grob hacken.
Nun kommen die Chilis und die Oliven mit dem restlichen Öl zum aufgefangenen Grapefruitsaft. Mit Salz und Pfeffer abschmecken und verrühren.

Den weißen und hellgrünen Teil der Frühlingszwiebeln in dünne Ringe schneiden, die Limette abreiben und beides bereitstellen.

Nun den glasig gegarten Fisch auf vier Tellern anrichten, mit Limettenabrieb bestreuen und mit etwas Limettensaft beträufeln. Abschließend mit dem scharfen Grapefruit-Oliven-Öl, den Grapefruit-Filets, Frühlingszwiebeln und frischen Minzblättern garnieren.

ZUTATEN

80 ml Olivenöl

4 Heilbuttfilets (à ca. 225 g)

Salz und Pfeffer

1 Grapefruit

2 rote Chilischoten

2 EL grüne Oliven

2 Frühlingszwiebeln

1 Limette
(unbehandelt, Abrieb und Saft)

1 Handvoll frische Minze

Ein sehr ähnliches Gericht haben wir in Notting
Hill im „Egg Break" zum ersten Mal gegessen –
nicht nur für diesen Joghurt lohnt sich der Besuch!

Dattel-Kokosjoghurt
mit Granola

2 PORTIONEN

Die Menge Granola reicht für weit mehr als zwei Portionen und kann vorbereitet in einem luftdichten Glas immer wieder fürs Frühstück oder einen leckeren Snack zwischendurch aus dem Schrank genommen werden.

Zunächst den Backofen auf 180 Grad Ober- und Unterhitze vorheizen.

Nun alle Granola-Zutaten in einer großen Schüssel vermengen und dann die Mischung breit verteilt auf einem mit Backpapier ausgelegten Blech für 20 bis 30 Minuten in den Ofen schieben. Zwischendurch wenden und sobald alles leicht gebräunt ist (erkennt man am besten an den Haferflocken), das Backblech aus dem Ofen nehmen, abkühlen lassen und in ein verschließbares Glas füllen.

Den Joghurt mit dem Dattelsirup verrühren und auf zwei Schüsselchen aufteilen. Je nach Vorliebe kann mehr oder weniger Sirup verwendet werden.

Für das Topping die Banane in Scheiben schneiden und die Heidelbeeren waschen. Die Kokosstreifen in einer beschichteten Pfanne ohne Öl bräunen.

Obst, Kokosstreifen und etwas Granola auf die Joghurt-Schüsselchen verteilen und genießen.

ZUTATEN

Für das Granola-Grundrezept

500 g Haferflocken (kernig)

150 g Nüsse (gemischt, gehackt)

75 g Kerne und Samen (Kürbiskerne, Sonnenblumenkerne, Leinsamen)

150 ml Pflanzenöl

80 – 100 g Sirup (Ahorn oder Dattel) oder Honig

¼ TL Zimt (gemahlen)

¼ TL Anis (gemahlen)

1 Messerspitze Vanillemark

250 g Kokosjoghurt

2 EL Dattelsirup

1 Banane

1 – 2 Handvoll Heidelbeeren

1 Handvoll Kokosstreifen

Alexanders
Frühstückskuchen

GUGELHUPFFORM (Ø 22 CM)

Den Backofen auf 160 Grad Umluft vorheizen.

Alle Zutaten bis auf den Puderzucker mit einem Mixer vermengen und anschließend den Teig in eine gefettete und bemehlte Gugelhupfform geben.

Anschließend wird der Kuchen im Backofen für 40 Minuten gebacken.

Den Kuchen nach dem Backen abkühlen lassen und aus der Form stürzen. Abschließend mit Puderzucker bestreuen und anschneiden.

ZUTATEN

500 g Mehl

1 Pkg Backpulver

300 g Zucker

4 Eier

200 ml Milch

200 ml Rapsöl

Fett und Mehl für die Form

3 EL Puderzucker

Alexander (@alexanderpaar auf Instagram) nimmt seine Community mit in sein sonnendurchflutetes Zuhause und teilt die Liebe für Design, Dekoration und Architektur in harmonischen Farben, Formen und Stilen. Mit gekonnten Handgriffen schafft er Gemütlichkeit und Leckeres!

Je nach Jahreszeit lässt sich der Kuchen noch variieren.
Im Winter schmeckt er besonders gut mit einer Bratapfel-
füllung in den ausgestochenen Kerngehäusen der Äpfel!

Isis Apfelkuchen

1 KUCHEN (SPRINGFORM Ø 26 CM)

Den Backofen auf 170 Grad Umluft vorheizen.

Für den Teig Butter, Zucker, Mehl, Ei, Vanillezucker und Backpulver zu einem glatten Teig zusammenrühren.
Aus dem Teig eine Kugel formen, diese in die gefettete Springform drücken und den Rand an den Seiten etwas hochziehen.

Für die Füllung nun die Äpfel schälen, die Kerngehäuse großzügig ausstechen und die Äpfel (im Ganzen) stehend auf dem Teig verteilen.

Den Vanillepudding mit Sahne (statt Milch) und dem Zucker nach Packungsanleitung kurz aufkochen lassen. Den Pudding noch heiß über die Äpfel in die Springform gießen.

Den Kuchen für ca. 1 Stunde backen. Anschließend abkühlen lassen und warm genießen.

ZUTATEN

Für den Teig

150 g Butter

100 g Zucker

250 g Mehl

1 Ei

1 Pkg Vanillezucker

½ Pkg Backpulver

Für die Füllung

8 Äpfel (Boskop oder Braeburn)

1 Pkg Vanillepudding

750 ml Sahne

100 g Zucker

New York Cheesecake

1 KUCHEN (SPRINGFORM Ø 26 CM)

In einem Topf die Butter schmelzen und vom Herd nehmen.

Für den Boden die Kekse fein zerkrümeln. Das funktioniert am besten mit einer Küchenmaschine – alternativ können die Kekse aber auch in eine verschließbare Tüte gepackt und mit einem Fleischklopfer oder Ähnlichem zerdrückt werden.
Die zerkrümelten Kekse werden anschließend mit der flüssigen Butter und dem braunen Zucker vermischt, bis eine Art Teig entsteht.

Den Boden der Springform mit Backpapier auslegen und den Rand leicht buttern. Die Keksmischung auf dem Boden der Form gleichmäßig verteilen und mit einem Löffel andrücken. Die Springform für 15 Minuten in den Kühlschrank stellen.

Den Backofen auf 220 Grad Ober- und Unterhitze vorheizen.

Während der Boden kühlt und der Ofen heizt, wird der Belag zubereitet: In einer großen Schüssel Eier, raffinierten Zucker, Frischkäse, Schmand, Schlagsahne, Zitronensaft, Vanilleextrakt und Mehl glatt rühren.
Die Masse dann vorsichtig auf den erkalteten Kuchenboden gießen und ca. 5 Minuten ruhen lassen.

Den Kuchen für 15 Minuten backen, dann die Temperatur auf 135 Grad reduzieren und den Kuchen für weitere 60 Minuten backen. Nach der Backzeit im geschlossenen, ausgestellten Ofen weitere 120 Minuten ruhen lassen.

Nachdem der Kuchen außerhalb des Ofens abgekühlt ist, kann er aus der Springform genommen und nach Lust und Laune garniert werden.

ZUTATEN

Für den Boden

80 – 90 g Butter

150 g Vollkorn-Butterkekse

50 g brauner Zucker

Für den Belag

6 große Eier

300 g raffinierter Zucker

900 g Frischkäse

250 g Schmand

250 g Schlagsahne

1 Zitrone (Saft)

1 EL Vanilleextrakt

1 EL Mehl

Beim Verzieren des Kuchens kann man kreativ werden.
Er kann zum Beispiel mit Himbeeren belegt oder mit
einem Gelee bestrichen werden, das aus pürierter
Mango und Gelatine oder Agar-Agar hergestellt wird.

Monis Nussecken

1 BLECH, CA. 20 NUSSECKEN

Zunächst den Ofen auf 180 Grad Umluft vorheizen.

Für den Mürbeteig Zucker, Butter, Salz und Ei mit dem Mixer schaumig schlagen. Das Mehl anschließend nach und nach hinzugeben und zu einem glatten Teig kneten. Den Teig in eine Kugel formen, in Frischhaltefolie wickeln und für 10 Minuten kalt stellen.

Die Marzipanrohmasse grob hacken. In einem Topf die Haselnüsse, Mandeln und den Marzipan gut vermengen und kurz erwärmen, sodass eine homogene Masse entsteht.

In einem weiteren Topf Butter, Schmand, Zucker und Vanillezucker kurz erhitzen und vom Herd nehmen.

Beide Topf-Inhalte miteinander vermengen – dies ist der Belag für die Nussecken.

Den Mürbeteig auf einem mit Backpapier ausgelegten Blech ausrollen und gleichmäßig mit dem Belag bedecken.

Auf mittlerer Schiene für ca. 25 Minuten backen und noch heiß in Dreiecke schneiden.

ZUTATEN

Für den Teig

60 g Zucker

125 g Butter

1 Prise Salz

1 Ei

250 g Mehl

Für den Belag

100 g Marzipanrohmasse

300 g Haselnüsse (gemahlen)

100 g Mandeln (gehobelt)

150 g Butter

100 g Schmand

200 g Zucker

1 Pkg Vanillezucker

Moni (@lady_stil auf Instagram) verwandelt ihr Zuhause und ihren Feed mit Stoffen und Dekoration in natürlichen Materialien und Farben in einen Ort zum Wohlfühlen und Kuscheln. Clevere DIYs passend zur Jahreszeit und Lieblingsgerichte laden zum Nachmachen ein!

Wer es schokoladig mag, taucht die Ecken noch in flüssige Kuvertüre.

Auf Wunsch der Familie hat die Schwiegermama immer eine Torte tiefgefroren auf Vorrat. Die Torte lässt sich also toll vorbereiten und prima einfrieren für einen spontanen Besuch.

Apfelweintorte
à la Schwiegermama

1 TORTE (SPRINGFORM Ø 26 CM)

Die Zutaten für den Teig mit der Küchenmaschine oder in einer Schüssel mit dem Holzlöffel verrühren. Den Knetteig zu einer Kugel formen, in Frischhaltefolie wickeln und für 20 Minuten kalt stellen.

Die Äpfel schälen, entkernen und hobeln. Kurz abgedeckt zur Seite stellen, damit sie nicht zu stark oxidieren.

Den Ofen nun auf 180 Grad Ober- und Unterhitze vorheizen.

Für den Belag den Zucker und Vanillezucker in einen Topf geben. Das Puddingpulver mit etwas Wein anrühren und den Rest des Weins zum Zucker in den Topf füllen. Den Topfinhalt aufkochen lassen, vom Herd nehmen und das angerührte Puddingpulver für ca. 1 Minute einrühren.
Die warme Puddingmasse über die gehobelten Äpfel geben und gut durchmengen.

Nach der Kühlzeit den Teig entweder mit einem Nudelholz ausrollen oder direkt mit der Hand in die Form drücken, sodass der Boden bedeckt ist und ein Rand von ca. 4 Zentimeter entsteht.

Den Belag auf dem Teig verteilen und für 90 Minuten backen. Anschließend den Kuchen erkalten lassen. Währenddessen die Sahne steif schlagen und den kalten Kuchen (noch in der Form) damit überziehen und zum Schluss mit Kakaopulver bestäuben.

Mindestens für einen Tag in der Form kalt stellen, damit er fest wird. Die Apfelweintorte vor dem Servieren aus der Springform lösen.

ZUTATEN

Für den Teig

150 g Butter (kalt)

125 g Zucker

250 g Mehl

1 Pkg Vanillezucker

1 ½ TL Backpulver

Fett für die Form

Für den Belag

1,5 kg Äpfel (Elstar oder Boskop)

220 g Zucker

1 Pkg Vanillezucker

2 Pkg Vanillepudding

750 ml Weisswein

400 g Schlagsahne

Kakaopulver zum Bestäuben

Simons
Zitronenkuchen

1 KUCHEN (SPRINGFORM Ø 20 CM)

Den Backofen auf 180 Grad Umluft vorheizen.

Für den Teig Butter und Zucker schaumig schlagen. Mark der Vanilleschote und die Eier nach und nach unter Rühren dazugeben. Den Abrieb und den Saft der Zitronen hinzugeben und verrühren. Mehl, Haselnüsse, Backpulver und Salz mischen, zur restlichen Masse geben und zu einem glatten Teig verarbeiten.

Kuchenmasse in die gefettete Springform geben und ca. 40 Minuten bei 180 Grad Umluft backen. Gegebenenfalls zum Ende hin mit Alufolie abdecken, damit der Kuchen nicht zu dunkel wird.

In der Zwischenzeit Puderzucker, Sahne und Zitronensaft für den Guss mischen und verrühren, bis eine zähflüssige, glatte Masse entsteht.

Nach der Backzeit den Kuchen abkühlen lassen und mit dem Guss übergießen.

ZUTATEN

Für den Teig

250 g Butter

200 g Zucker

1 Vanilleschote

4 Eier

4 Zitronen
(unbehandelt, Abrieb und Saft)

280 g Mehl

200 g Haselnüsse (gemahlen)

2 TL Backpulver

1 Prise Salz

Für den Guss

60 g Puderzucker

1 Schuss Sahne

4 – 5 EL Zitronensaft

Simon (@interiorhoch2 auf Instagram) hat eine große Leidenschaft für Interior – und das sieht man in seinem Zuhause und in seinem Feed auch auf den ersten Blick. Durch das Faible für starkes Grün, klare Linien und außergewöhnliche Kombinationen gibt es immer etwas Neues zu entdecken.

Karamelliges
Kürbiskernparfait

6 PORTIONEN

Für das Parfait den Zucker in einer beschichteten Pfanne karamellisieren lassen. Die Kürbiskerne zugeben und glasieren. Die karamellisierten Kürbiskerne auf ein Backpapier geben und abkühlen lassen. Anschließend in feines Krokant hacken, ein paar der Kerne fürs Garnieren beiseite legen.

Nun die Sahne schlagen, sie dabei aber nicht überarbeiten – sie sollte cremig sein und nicht zu steif werden!

Das Eigelb mit Puderzucker, Vanillemark und dem Saft einer halben Orange in einer großen Metallschüssel über einem warmen Wasserbad mit dem Schneebesen einige Minuten schaumig schlagen. Hier muss schnell und gleichzeitig geduldig gearbeitet werden. Das Wasser darf nicht zu heiß werden, da die Masse sonst zu Rührei wird.

Die Hälfte des Kürbiskern-Krokants mit dem Kürbiskernöl in die Eigelbmasse geben und unterrühren. Mit einem Löffel oder Schaber nun die geschlagene Sahne vorsichtig unterheben.

Die Hälfte dieser Masse in eine Silikon-Kuchenform geben und für 1,5 bis 2 Stunden einfrieren. Die restliche Masse während dieser Zeit im Kühlschrank aufbewahren.

Auf die angefrorene Masse nun die zweite Hälfte des Kürbiskernkrokants geben und mit der zweiten Hälfte der Masse bedecken. Jetzt alles zusammen für weitere 3 bis 4 Stunden durchfrieren lassen.

Auf dem Teller noch mit karamellisierten Kürbiskernen und ein wenig Kürbiskernöl garnieren.

ZUTATEN

100 g Zucker

150 g Kürbiskerne

400 g Schlagsahne

3 Eigelb

50 g Puderzucker

1 Vanilleschote (Mark)

½ Orange (Saft)

3 EL Kürbiskernöl

Dieses Buch ist mein Herzensprojekt, doch ganz allein kann man so etwas nicht auf die Beine stellen. Zum Glück hatte ich die tollste Unterstützung, die man sich nur wünschen kann:

Der größte Dank geht an meinen Mann **Björn** und meinen Sohn **Max**, weil sie meine Träume unterstützen und so viele Leidenschaften mit mir teilen, die das Leben angehen. Ohne meinen Mann hätte ich nie die Liebe fürs Kochen entdeckt. Danke, Björn und Max, fürs Motivieren, an mich glauben, Tränchen trocknen und das Wegkicken meiner Nervosität während dieses Projektes. You are my forever!

Ich danke **meiner Mama und Schwiegermama** dafür, dass sie ihre Familienrezepte öffentlich gemacht haben. Danke an unsere besten Freunde **Heike und Thomas** für das Öffnen eurer Häuser in Düsseldorf und Le Cannet. Ich bin dankbar für eure Liebe und bedingungslose Freundschaft. Danke auch an unsere engen Freunde **Isi & Joey**, an meine **Steffi** und an **Säri** für all die inspirierenden Gespräche und Wohlfühlmomente während stressiger Tage. Danke an **Eva und Andreas**, dass auch ihr euer Haus für uns geöffnet habt. Danke **Marion** für Rock'n'Roll bei dir zu Hause und die gemeinsamen Tanzmomente. Ihr alle habt einen großen Anteil daran, dass ich weiter gemacht habe, denn ihr steht immer hinter mir, unterstützt mich und seid für mich und uns da!

Ebenso ein großes Danke an meine lieben Creator-Kolleg*innen für das Teilen von Lieblingsrezepten und die große Unterstützung bei diesem Projekt: **Katerina, Alexander, Aneta, Sophie, Sabrina, Valli, Moni, Simon,**

Lori, Nicole, Sveni und Cathi – ihr inspiriert mich!
A big thank you to **Inna**. Our newfound Ukrainian family. Thank you for being part of this book and for showing everyone how delicious Wareniki are.
Danke an **Eva Brenner**, die eigentlich nur auf einen gemütlichen Ratsch kommen wollte und dann so fröhlich beim Shooting mitgemacht hat.

Prachtstern, meine Agentur: Ihr habt aus meinen Träumen Realität werden lassen. Danke **Kike und Sarah** fürs Händchen halten und schubsen, für alles und euch!
Heinen Lovebrands, mein Verlag: Ihr habt die Realität in den schönsten Rahmen, die schönsten Fotos und Texte gesetzt. Danke für das von jetzt auf gleich Wohlfühlen, die Sensibilität, Professionalität und die zauberhafte Crew **Maria, Lilly, Christina, Anina, Melanie, Jana und Svenja**. Danke an alle Probeköch*innen und an das gesamte Team, das den Launch meines Buches überhaupt erst möglich gemacht hat.

Außerdem danke ich all den tollen Menschen, die sich mein Herzensprojekt in die Küche, auf den Coffee Table oder auf den Nachttisch legen – **Danke euch**!

Wir hören, lesen und sehen uns ganz bald wieder,

eure Susanne

IMPRESSUM

sweetlivinginterior cooking & friends
by Susanne Hesslenberg
ISBN: 978-3-9821206-9-0

Heinen Lovebrands Verlag
Ein Verlag der Heinen Lovebrands GmbH
Copyright © 2022 Heinen Lovebrands GmbH,
Hafenweg 26a, 48155 Münster
www.heinenlovebrands.com
www.heinenlovebrands-shop.com

1. Auflage 11/2022

Die Autorin hat dieses Buch nach bestem Wissen und Gewissen verfasst.
Dass sich dennoch kleine Fehler ihren Weg ins Buch gebahnt haben, kann nicht
ausgeschlossen werden. Der Verlag und die Autorin übernehmen hierfür keine Haftung.

Projektkoordination: Christina Götz, Maria Becker
Management Susanne: Prachtstern GmbH
Konzept und Text: Lilly Adam
Assistenz Rezepte: Frieda Prüße, Laura Hestermann
Fotos: Anina Fröschel, Melanie Koopmann
Gestaltung und Layout: Jana Matthäus
Umschlaggestaltung: Marie Vanhofen
Satz: Svenja Kavermann
Druck und Bindung: Fromm + Rasch GmbH & Co. KG, Osnabrück

Printed in Germany